KB239973

지역사회 여성노인을 위한
통합적 건강증진
프로그램

지역사회 여성노인을 위한
통합적 건강증진
프로그램

한현숙 지음

KSI 한국학술정보㈜

서 문

　기원전 44년경 라틴 문학의 최고 작가이며 웅변가인 키케로는 『노년에 관하여』라는 그의 저술에서 노년이 불행하게 보이는 네 가지 이유에 대하여 다음과 같이 말하였다. 첫째, 일을 할 수 없다는 점, 둘째, 몸을 더욱 약하게 한다는 점, 셋째, 모든 쾌락을 앗아간다는 점, 그리고 넷째, 죽음으로부터 머지않게 한다는 점이었다. 그러면서 그는 그 같은 노년의 시기에 대한 왜곡된 부분들에 대해 반증의 예를 들며 노년이 갖고 있는 긍정성에 대해 설명하였다.

　오늘날 우리가 살고 있는 현대사회는 그 당시와는 비교가 안 될 정도의 엄청난 문명적 격차를 보이고 있고, 특히 노년과 관련한 환경 변화에 있어서는 더욱 그러하다. 그럼에도 건강과 빈곤 그리고 소외감으로 축약되는 노년의 괴로움은 그때나 지금이나 큰 차이가 있지는 않은 듯하다. 본서는 그 같은 노년의 어려움 가운데 현재 우리나라 노인들 스스로가 가장 큰 문제로 인식하고 있는 노인의 건강문제에 대한 고민에 기반한다. 특히 건강상태에 따른 노인의 네 가지 유형, 즉 만성질환 없이 건강하면서 일상생활에 자립적인 노인, 비록 만성질환은 지니고 있으나 일상생활에 자립적인 노인, 또 만성질환도 있으면서 일상생활에 의존적인 경증상태의 노인, 끝으로 만성질환도 있으면서 일상생활에 의존적인 중증상태의 노인 중 두 번째 집단에 해당하는 노인을 대상으로 하고 있다. 비록 만성질환을 지니고 있으나 일상생활에 자립적인 노인들의 건강증진을 목적으로, 가능한 한 노인들의 현재 건강수준을 유지함으로써 스스로 자립적인 일상생활을 할 수 있도록 프로그램을 개발, 시행하고 그 효과성을 평가하였다.

노인들의 건강은 타 연령층과는 다른 특성을 갖고 있다. 우선 노인들은 대다수가 만성질환에 이환되어 있어 노인들의 건강증진 개념에 건강의 보존, 즉 기능보존의 활동이 포함된다는 점과 신체적 건강과 정서적 측면의 상호연관성이 높다는 특징이 그것이다. 그러므로 여성노인 대상의 통합적 노인건강증진 프로그램에서는 이 같은 노인건강의 특징을 고려하여 건강강의와 집단토론, 운동, 정서적 지지프로그램 등을 통합적으로 구성하였다. 프로그램 참여 노인들은 여성노인들의 접근성이 높은 여가복지시설 여성노인들을 대상으로 하였다. 평가결과 참여 노인들의 건강증진 생활양식과 신체적 건강상태, 그리고 정신적 건강상태가 향상되는 변화를 가져옴으로써 프로그램의 효과성이 입증되었다.

빠른 추세로 고령화되고 있는 현실 속에서 우리나라 후기고령 여성노인의 증가와 그로 인한 여성노인의 건강에 대한 요구는 앞으로 더욱 커질 것이다. 이 같은 환경의 변화는 지역사회 내 노인 건강에 대한 새로운 접근의 변화를 요구한다. 즉, 단순한 의료적 접근의 한계를 넘어 성별이나 소득, 교육수준, 가구형태 등 개인적 특성을 고려한 노인건강에 대한 다각적인 접근방법들이 요구되며, 이를 위해 지역사회 내의 노인 관련 종사자가 노인건강과 관련하여 포괄적으로 접근

할 수 있는 환경적 조성이 필요하다. 이러한 요구의 한 예로서 여가복지시설에서 시행하였던 본 프로그램과 같이 노인 여가복지시설, 특히 교회나 성당 중심의 종교기관 노인교실을 이용한 노인건강증진 프로그램의 활성화 등이 필요하다는 것이다. 미국에서는 이미 교회 중심의 만성질환관리사업들이 진행되어 성공적 사례를 보이고 있다. 그러나 저자는 만성질환관리사업의 일환이라기보다는 노인들의 삶의 질 향상이라는 보다 포괄적인 노인복지적 차원에서 이 같은 노인 건강 관련 프로그램이 사회복지사를 중심으로 장기적이고 지속적으로 진행되었으면 하는 바람이다. 왜냐하면 노인의 건강은 앞서 설명한 대로 만성적이고 통합적인 특징을 지니고 있기 때문이다.

본서는 이상의 관점에서 통합적 건강증진 프로그램 개발과 관련한 이론적 배경과 프로그램의 내용, 그리고 프로그램 평가 결과에 대한 내용을 총 5장으로 구성하였다. 제1장에서는 연구의 필요성과 목적, 그리고 연구문제를 다루었다. 제2장 이론적 배경은 총 3절로 구성하여 제1절에서는 여성노인의 건강, 제2절에서는 우리나라 노인여가복지 시설에서의 노인건강증진 교육, 그리고 제3절에서는 여성노인을 위한 통합적 건강증진 프로그램과 관련한 개발 배경 및 목적과 목표, 프로그램 내용을 논리모델을 통하여 정리하였다. 제3장에서는 연구 방법과 절차를, 제4장에서는 연구결과 및 그와 관련한 해석을 정리하였다. 끝으로 제5장에서는 연구의 의의 및 제한점을 통한 논의와 결론을 서술하였다. 설문지와 프로그램의 내용, 그리고 진행일지와 관련한 교재 및 자료들과 진행 사진들을 부록으로 정리하였다.

여성노인을 대상으로 하는 통합적 노인건강증진 프로그램의 효과성을 입증함으로써 차후 성별, 연령, 건강상태, 주거상태 등 노인들의 다양한 특성에 따라 노인 건강 관련 프로그램의 개발과 연구에 계기를 마련할 수 있었다는 점은 본서의 의의로 볼 수 있다. 또한 노인의 기능적 건강 문제가 중요하게 대두되고 있는 고령화 사회 속에서 노인 여가복지시설에서 사회복지사의 주도로 건강 관련 프로그램이 개발·시행되었다는 점에서, 지역사회 내 노인건강 관련 실천 전문가로서 사회복지사가 그 역할을 감당할 수 있다는 점은 노인복지적 차원에서의 실천적 계기가 될 수 있겠다. 이를 계기로 지역사회 내 노인 건강 관련 프로그램이 보다 다양하게 활성화되기를 희망한다.

끝으로, 본 연구를 책으로 출판해 주신 한국학술정보(주)에 감사드린다. 그리고 지난 13년이란 시간을 함께하고 있는 제일성결교회 행복한 어르신학교의 모든 어르신들과 봉사자들께 감사드린다.

2011. 5.

금천마을에서 한현숙

목 차

I

서 론

1. 연구의 필요성과 목적

우리나라는 인구 고령화의 속도가 매우 빠른 국가 중 하나다.[1] 그 이유는 의료보장의 확대로 인한 질병진료의 접근성 개선, 의료기술의 발전, 그리고 환경 위생상태의 개선 등으로 노인들의 평균수명이 연장되고 있는 것과 1990년대 말 이후 가속화된 저출산 현상에 있다(선우 덕, 2008). 2009년 한국 사회의 노인 인구는 약 5,192천 명으로 전체 총인구 중 10.7%를 차지하고 있는데, 이는 2007년 9.9%에 비해서는 0.8%, 10년 전인 1998년 6.6%와 비교하여서는 4.1% 증가한 수치로[2] 세계적으로 유례가 없는 가파른 증가속도로 고령 사회로의 진입을 앞두고 있다.[3]

이같이 급격한 고령화 현상은 우리나라에서의 노인에 대한 사회적

---

[1] 2009년 우리나라 노령화지수(65세 이상 인구/0~14세 인구)는 63.5이었는데, 2016년에는 100.7로 노년 인구가 유년인구를 추월할 것으로 예측하고 있다(고령자 통계, 2009).

[2] 1980년에서 1990년까지 1.2%, 1990년에서 2000년까지 2.1%이었던 노인인구 증가 비율이, 2000년에서 2007년까지 7년간 2.7%의 증가 비율을 보이고 있다(통계청, 2000, 2007).

[3] 우리나라는 2009년(7월 1일 기준) 65세 이상 인구 5,192천 명으로 총인구의 10.7%를 차지하는 고령화 사회에 속한다. 지난 2000년 노인인구비 7.2%로 이미 「고령화 사회Aging Society」에 진입하였으며, 2018년에는 14.3%로 「고령 사회Aged Society」, 2026년에는 20.8%로 「초(超)고령 사회Super Aged Society」에 도달할 것으로 전망하고 있다(통계청, 2009).

인식에 변화를 가져왔다. 이제까지 우리 사회에서는 노인을 '가족의 구성원'으로 인식함으로써, 노인에 대한 사회적 관심의 범주가 주로 빈곤에 처한 저소득 노인에게 국한되는 경향이 있었다. 그러나 이제는 노인을 '사회적 피부양 대상'으로 인식하게 되면서, 인구의 다수를 차지하는 노인계층 전반에 대한 사회적 관심이 높아지고 있는 추세이다. 특히 수명 연장으로 긴 노년기를 맞아야 하는 노인들의 삶의 질 향상과 성공적 노화에 대한 논의가 사회 전반에 걸쳐 활발히 제기되고 있다(Row & Kahn, 1998; 이가옥 외, 2002; 김미혜 외, 2005; 백지은·최혜경, 2005; 성혜영·조희선, 2006).[4]

노년기 삶의 질에 영향을 미치는 다양한 요소 가운데 노인의 건강문제는 가장 크고 중요한 관심 영역이다(통계청, 2010).[5] 노인들은 노화과정의 특성상 타 연령층에 비해 건강에 더 많은 관심을 가질 수밖에 없으며, 실질적으로도 노인 의료비 지출과 병원 수진율에 있어 타 연령층 대비 높은 기록을 나타내고 있다. 2008년 65세 이상 노인 진료비는 10조 4,904억 원으로 전체 의료비의 29.9%를 차지하였는데 이는 2007년에 비하여 1.7%, 5년 전인 2003년도 21.3%에 비해서는 8.6% 상승한 것이다(건강보험심사평가원, 2009; www.hira.or.kr). 그러므로

---

4) Row와 Kahn(1998)은 성공적인 노화의 요소를 (1) 질병과 장애를 피하고(low risk of disease and disease-related disability), (2) 높은 수준의 인지적, 신체적 기능을 유지하며, (3) 활기찬 인간관계 및 생산적 활동(productive activity)을 통하여 삶에 대한 적극적 참여(active engagement with life)를 유지하는 것으로 말하였다. 노년기에 생산적 활동을 증진시키기 위해서는 세 가지 요인이 필요한데 첫째는 건강과 진체적인 기능수행능력이며, 둘째는 친구 관계 및 다른 사회적 관계, 셋째는 자신에 대한 믿음, 즉 자기효능감과 같은 개인적 특성이다(성혜영·조희선, 2006). 노년기 활동성을 증진시키는 데 유의하게 긍정적 영향을 준 변인은 생활만족도로 심리적 특징이 생산적 활동에 영향을 미치는 것으로 나타났다. 따라서 생산적 활동에는 신체적, 인지적 기능, 사회관계망의 특징, 심리적 특징 등이 영향력을 나타낸다는 것을 확인할 수 있다.

5) 2009년 60세 이상 노인들의 가장 어려운 문제를 복수응답으로 묻는 질문에 건강문제(67.4%)가 가장 높은 것으로 나타났다. 이는 성별에 따라 약간의 차이를 보여 남성노인의 62.6%가 여성노인의 70.9%가 건강문제를 가장 어려운 문제로 응답함으로써 여성노인들의 건강에 대한 욕구가 더 큰 것을 알 수 있었다(통계청, 2010).

노인의 예방 건강과 질병 경감 문제는 노인들의 삶의 질 향상과 직접적으로 관련되는 문제일 뿐만 아니라, 국민 전체 의료비의 증가 억제라는 측면에서도 사회의 주요한 관심사가 아닐 수 없다(구미옥 외, 2003).

지난 2008년 7월 노인장기요양보호법 시행 이후 우리나라 지역사회 내에서는 노인건강문제와 관련하여 커다란 변화가 있었다. 그러나 보호의 대상이 아닌 건강한 노인들에 대한 체계적인 건강증진 관련 정책과 프로그램의 개발은 우리나라에서 아직 미흡한 실정이다(선우덕, 2008). 그동안 노인건강문제와 관련하여 의료, 간호, 보건, 체육 분야 등 다양한 분야에서의 연구가 이루어져 왔으나, 최근 들어서는 단순한 의료적 접근을 넘어서는 통합적이고 다학제적인 접근이 요구되고 있다(김신미 외, 2008; 송미숙·송현종, 2009).

1986년 제1차 국제 건강증진회의 결과 채택된 오타와 헌장은(WHO Ottawa Charter) 건강증진을 '모든 사람들이 건강능력을 최대한 개발하는 것'으로 규정하면서(박영임 외, 2006), 건강증진 개념에 자기건강관리를 포함시켜 건강증진의 개인적인 책임뿐 아니라 사회적인 책임을 강조하였다(송미순, 2004). 즉, 건강증진의 내용에 지역사회활동 강화(Strengthen Community Action), 개인적인 기술 개발(Develop Personal Skills), 건강 지원 공공정책의 확립(Building Public Policy that Support Health), 그리고 지지적인 환경창조(Create Supportive Environments)와 건강서비스 방향의 재구성(Reorient Healthy Services) 등 5가지 요소를 포함하였다.[6] 이는 노인의 건강특성에 대한 통합적 이해를 바탕으로 하

---

6) www.healthedu.gov.lk/whats-rolling

는 노인 복지적 관점에서의 노인건강증진 관련 프로그램 개발의 근거가 된다. 즉, 지역사회 안에서 대부분 만성질환에 이환되어 있는 노인들을 대상으로 건강교육을 통해 개인적인 건강을 유지할 수 있는 기술과 능력을 향상시키고 일상생활을 영위할 수 있도록 기능을 보존하게 하고, 중재와 옹호를 통한 증강과정(empowering process)을 통해, 생태체계적 기반인 지역사회 안에서 노인들이 건강하게 활동할 수 있도록 노인들에게 서비스를 제공하는 사회복지사의 노인건강 관련 프로그램 실천의 근거가 된다는 것이다.

미국의 경우 지역사회 교회나 시니어센터 등을 중심으로 만성질환 관리 교육프로그램을 실시하여 일정 수준의 효과를 보이고 있다(장현숙 외, 2008). 또한 우리나라에서도 만성질환 관리사업의 일환으로 서울시 14개구 보건소와 지역사회 노인학교를 중심으로 노인집단중심 만성질환관리 교육프로그램을 실시하며 호응을 얻고 있다.[7] 그러나 우리나라 노인 관련 기관에서 일반적으로 진행되고 있는 대집단 강의 형식의 건강증진프로그램은 현재 우리나라 노인들의 특성상 그

7) 서울시 노인집단중심 만성질환 관리사업은 현재 의료기관이나 보건소 만성질환관리사업의 인력적, 내용적 한계를 인정하고 노인들이 정기적으로 모이는 집단을 중심으로 지역사회 만성질환 관리사업에 접근하고자 하는 취지에서 서울시의 위탁을 받아 한국보건산업진흥원 고령친화산업센터가 주관이 된 사업이다. 2007년 제1차년도에는 9개 보건소와 10개 집단 약 1,400명이 참여하였으며 2차년도인 2008년도에는 서울시 12개 보건소와 14개 집단 약 2,000명이 참여하였다. 주 참여 집단은 교회와 성당의 노인교실이었다. 광진, 구로, 금천, 동대문, 마포, 서초, 송파, 중구 보건소(2007~8년도)와 서울시민교회, 오류남부교회, 제일성결교회, 장안동 성당, 전농동성당, 염산교회, 방배 4동 성당, 장미아파트 경로당, 문화교회가 참여하였으며, 2008년도에는 강북, 관악, 은평, 강동보건소가 신규참여하면서 미아5동 성당, 대한노인회 관악구지회, 역촌성결교회, 성내동 성당, 은평교회 노인교실에서 참여하였다. 2009년도사업목표로 단기적으로는 노인들의 만성질환관리와 관련한 장애성을 약화하여 이익효과를 강화하며 단체 신체활동으로 인한 심리적 활력을 목표로 한다. 또한 만성질환과 혈압혈당 인지율 향상을 목표로 하고 있다. 중장기적으로는 혈압, 혈당을 정상화하여 뇌졸중, 치매 예방 및 발병지연을 목표로 하고 있다. 그리고 어르신 건강 교사와 건강 지키미 등을 발굴·양성하여 어르신들 스스로 건강의 주체가 될 수 있는 사회적 봉사분위기를 정착하고 건강생활실천으로 뇌졸중, 치매 예방 및 발병지연을 중장기 사업의 기대효과로 잡고 있다. 향후에는 천주교 서울대교구 노인대학연합회와 한국교회 노인학교 연합회, 대한노인회 경로당 등 지역사회 조직으로의 확대 방안을 강구하고 있다(서울시·한국보건산업 진흥원, 2009).

효과성에 한계가 있을 수밖에 없다.[8] 그러므로 노인전공 사회복지사가 고용된 노인복지관이나 종교기관 노인학교 등에서 지역사회 건강 관련 지원체계와의 연계를 통해 실천 가능한 노인건강증진 집단프로그램을 개발·실시함으로써 노인여가복지시설이 지역 내 노인들의 건강증진 개입의 지지체계로서 자리매김하는 것이 필요하다.

특히 전체 노인의 약 3분의 2를 차지하는 여성노인들은 높은 노인인구비율 자체만으로도 노인건강문제의 주요 대상이 된다.[9] 그들은 신체적·심리적·환경적 요인으로 건강상 취약대상임에도 불구하고 노인복지 분야에서는 남성노인들에 비해 상대적으로 주목받지 못했고, 여성단체들에서조차 사별, 이혼으로 인한 모자복지, 여성고용차별, 직장 내 성폭력, 호주제 폐지 등 다른 여성문제에 비해 주목받지 못해 왔던 것이 사실이다. 그러나 최근 들어 여성들의 건강문제를 다룬 연구들이 진행되면서 여성노인의 건강에 대한 사회적 관심과 중요성에 대한 인식이 증대되고 있다(김윤정, 2007; 정영미, 2007; 강혜원·조영태, 2007; 전경숙, 2008).[10]

---

8) 현재 우리나라 노인들 가운데 평생교육프로그램에 참여하고 있는 노인은 12.0%이고 앞으로 참여를 희망하는 노인은 25.8%이다. 남성노인에 비해 여성노인의 참여도가 상대적으로 높다. 복지관이나 종교기관의 노인학교 참여 노인들은 무학인 노인들이 약 60%로 저학력 노인들의 비중이 높고 건강상태 또한 좋지 않은 것으로 나타났다. 이 같은 노인들의 현실에서 속에서 의료중심의 대집단 강의를 이해하고 실생활에 적용하는 효과를 기대하기란 어려운 형편이다. 특히 여성노인의 경우는 전체노인 비율보다도 교육수준이나 건강 측면에서 더 열악하다(보건복지가족부·계명대산업협력단, 2009).

9) 2009년 65세 이상 인구의 성비를 살펴보면 남자인구 중 65세 이상 노인인구는 8.6%, 여자노인인구는 12.7%이었다. 2009년 65세 이상 여성노인의 수는 3,079천 명(전체 노인의 60%)이고, 남성노인은 2,112천 명(40%)으로 여성노인이 다수를 차지하고 있으며, 여자 100명당 남자인구를 보는 여성노인의 인구 성비는 68.6%로 10년 전인 1999년 61.2%와 비교하여 6.9% 높아졌다(보건복지가족부, 2010). 특히 여성노인 연령이 남성노인과 비교하여 평균 7세가량 높은 것과, 앞으로 우리나라가 고령 사회, 초고령 사회로 진입할 것을 예상해 볼 때 노인 성비의 불균형은 더욱 심해질 것이며, 이를 고려한 여성노인대상의 정책들이 모색되어야 할 것이다.

10) 2003년 보건복지부에서는 한국 여성건강에 대한 포괄적인 실태를 파악하기 위한 최초의 연구로 "한국 여성의 건강통계"를 발간하였고(김남순 외, 2003), 한국여성정책연구원에서는 "외국의 여성건강증진 기반고찰 및 한국의 정책과제" 및 한국여성건강 현황 및 정책과제"로 연구보고서를 발간하였다(김영택 외,

다가올 고령 사회와 초고령 사회에서 여성노인들의 비중은 앞으로 더욱 증가할 것이며, 더불어 여성노인들의 건강문제 또한 중요한 사회문제로 부각될 것이다. 연구에 의하면 여성노인들은 여가복지시설 프로그램에 대하여 남성노인들에 비해 거부감도 적고 보다 적극적인 참여도를 나타내고 있다고 한다(성창근, 2003). 그러므로 노인여가복지시설을 중심으로 여성노인들에 대한 신체적·정서적 개입뿐 아니라 노인들의 가족과 그들이 속한 지역사회를 연계하고 통합적으로 이해할 수 있는 사회복지사들의 노인건강에 대한 관심과 개입이 요구된다. 이 같은 사회복지사들의 노인건강에 대한 적극적 관심과 참여는 서비스 제공자적인 입장에서뿐 아니라 서비스 이용자인 노인의 관점에서도 매우 고무적인 일이 될 것이다.

우리나라 노인여가복지시설에는 노인복지관과 노인학교, 경로당, 노인휴양소가 있는데, 그중 노인학교는 노인건강증진 집단프로그램을 진행하는 데 있어 타 기관에 비해 효과적인 측면이 있다. 노인복지관에 비해 기관 수가 많아 지역적 접근성이 높은 편이며, 구성원에 있어서도 복지관 프로그램에 참여하기 어려운 고령의 저학력, 저소득, 무배우의 여성노인의 비중이 많아 건강증진교육이 필요한 대상자 모집의 측면에서 적합하다. 또한 경로당과 비교하여서는 프로그램을 운영할 수 있는 도구와 시설 측면, 그리고 인적 지원조직이 잘 갖추어져 있어 지속적인 프로그램 운영에 용이한 특징을 갖고 있다.

그러므로 본 논문에서는 지역사회 노인여가복지시설 가운데 하나인 노인학교 내 여성노인을 대상으로 그들의 신체적·정서적·사회

2007; 김영택 외 2008).

적 측면을 고려한 통합적 노인건강증진 소집단 프로그램을 개발·실시하고, 그 효과성을 검증해 보고자 하였다. 즉, 본 연구는 노인학교 여성노인들을 대상으로 개발한 통합적 노인건강증진 프로그램이 그들의 건강증진 행위와 주관적, 객관적 신체건강상태와 정신건강상태에 어떠한 영향을 미치는지에 대한 효과 검증을 그 목적으로 한다. 이를 위해 다음과 같은 연구문제를 설정하였다.

2. 연구문제

연구문제 1. 통합적 건강증진 프로그램의 참여가 여성노인들의 건강증진 생활양식에 변화를 가져왔는가?

연구문제 2. 통합적 건강증진 프로그램의 참여가 여성노인들의 건강상태에 변화를 가져왔는가?

Ⅱ

이론적 배경

제1절 여성노인의 건강

1. 여성노인의 신체적 건강

1) 노인의 신체적 건강

신체적 건강(Physical Health)이란 일반적으로 질병이나 장애가 없는 신체 상태를 말한다(Butler, 2001). 그러나 필연적으로 노화의 과정을 겪어야 하는 노인들의 신체적 건강의 개념은 질병이나 장애가 전혀 없는 상태로의 건강 개념과는 다른 접근을 요구한다.

노인의 신체적 능력이 노화로 인해 전반적으로 약화되는 것은 피할 수 없는 현실이지만, 노화가 곧 신체적 무능함이나 의존성으로의 직결을 의미하는 것은 아니다. 급격한 고령화 사회로의 변화 속에서 노인의 건강에 대한 이해 또한 새로운 시각으로의 변화가 요구된다. 노화에 대한 부정적 측면만을 보는 것이 아니라, 하나의 발달과정으로서 생물학적·사회적·사회문화적 환경들의 상호작용에 의한 진행으로 받아들여야 한다는 것이다(Markid & Mindel, 1987). 즉, 노화로 신체적인 힘과 능력은 비록 감소하지만, 새로운 가능성을 선택할 수 있도록 변화·확장하는 발달과정으로 받아들일 수 있도록 노인들 스스로뿐만 아니라 사회 전반적인 인식의 전환이 필요하다는 것이다.

이 같은 노인들의 건강에 대한 새로운 이해를 위해 타 연령층의 건강과는 구별되는 노인들의 신체적 건강 특성을 살펴보면 다음과 같다.

첫 번째 특징은 대다수의 노인들이 만성질환에 이환되어 있다는 점이다. 우리나라 노인들의 의사진단 만성질환 이환율은 81.3%로 10명 중 8명 이상이 의사로부터 만성질환 진단을 받은 상태이다(보건복지가족부·계명대 산학협력단, 2009). 그러나 만성질환에 이환된 노인들 가운데 63.4%의 노인들이 증세미약이나 비용부담, 치유곤란 등을 이유로 어떠한 치료조차 받지 않는 것으로 나타났다(김미혜·김소희, 2002). 그러므로 만성질환 노인에 대한 개인, 가족, 지역사회뿐만 아니라 사회 전체적인 정책적 개입이 요구된다. 만성질환 관리를 위해서는 노인 개인의 자가 관리가 매우 중요하며, 중요한 1차적 환경으로서 상호영향을 주고받는 가족들의 관심과 배려 또한 중요하다. 그리고 지역자원의 활성화와 조직화를 통해 만성질환 노인 및 그 가족이 병원에서의 환경 적응뿐 아니라 지역사회로의 원활한 복귀를 할 수 있도록 하는 환경적 개입도 중요하게 다루어져야 한다(왕경희, 2005).[11] 지난 2003년부터 우리나라에서는 간호 분야 활성화와 전문 간호사 제도를 도입, 만성질환 노인에 대한 세분화되고 전문적인 간

---

11) 미국의 노인전문병원(미시간 대학병원 노인병센터)에서는 800병상에 120명의 노인전문 의료사회복지사가 민간보험회사로부터 수가에 따른 의료보험금 지급을 받으며, 위기개입, 유전학(genetic)상담, 스트레스 해소 요성호스피스 케어와 같은 전문화되고, 세분화된 역할을 수행하고 있다(제24차 대한 의료사회복지사협회 Workshop: 19-20, 왕경희, 2005 재인용).

호서비스를 제공하고 있으며, 2008년 7월부터 시행된 노인장기요양보험제도의 도입 이후에는 일부 만성질환 노인들의 재가 서비스 제공이 시행되고 있다.

둘째, 위와 같은 높은 만성질환 이환율로 노인들의 건강증진 개념과 행위는 타 연령층과 차이가 있다. 즉, 일반 건강증진 개념이 건강한 사람을 더 건강하게 하거나 혹은 질병 예방에 목표를 두고 건강보호와 예방 그리고 건강교육 활동을 하는 것이라면, 노인들을 대상으로 하는 건강증진 개념은 만성질환관리를 가장 중요한 부분으로 포함하는 건강보존, 즉 기능을 보존하는 활동을 포함하여야 한다(송미순, 2004).12) 연구에 의하면 만성질환에 이환된 노인들 모두가 스스로의 노화를 부정적으로만 여기는 것은 아니다. 만성질환과 기능상 장애를 갖고 있음에도 불구하고 노인들은 스스로를 여전히 성공적인 노화과정에 있다고 평가한다고 한다(Strawbridge et al., 2002). 그러므로 노년기에는 기능적인 건강을 유지하기 위해 건강행위 및 생활양식의 변화를 통해 장애를 지연 혹은 예방시키는 것이 필요하며(은영 외, 2008), 노인건강증진 프로그램 또한 일반 건강증진 프로그램과 달리, 만성질환에 이환되어 있으나 어떻게 기능적인 건강을 잘 지켜나감으로써 노인들의 삶의 질을 높일 수 있는가에 초점을 두어 구성되어야 한다(송미순, 2004; 신복기 외, 2006).

셋째, 노인들은 신체적 건강과 정서적 측면의 상호연관성이 타 연

---

12) 초기의 건강증진(Health Promotion) 개념은 건강한 사람이 건강을 지키는 개념으로 사용되었다. 그러나 WHO Ottawa Charter에서 '건강증진 행위란 건강과 건강향상을 위해 자신의 통제를 증가시키기 위한 힘 증강과정(empowering process)'이라고 정의하면서 건강에 대한 자신의 통제를 증가시키는 모든 행위를 건강증진 행위에 포함시키게 되었다. 그리하여 건강증진 행위는 예방적인 행위 이외에도 만성질환자가 자신의 질병에 대한 통제를 증가시키는 자기건강관리를 포함하게 되었다(송미순, 2004).

령층에 비해 매우 높다. 그러므로 양질의 사회적 접촉은 노인건강에 영향을 미치는 매우 중요한 요소로 작용하게 된다(Haber, 2006). 이는 노인들의 건강이 의료적 질병의 유무를 떠나 신체적·심리적·사회 적인 여러 요소들과 밀접한 관계성을 갖는 전인적인 특성을 갖게 됨 으로써, 기능적 건강이 더욱 중요시되어야 함을 시사하는 부분이다. 또한 노인들을 대상으로 하는 건강증진 프로그램을 구성함에 있어 단순한 의료적 접근보다는 신체적·심리적·사회적 요소들을 통합 적으로 구성하여 진행하는 것이 보다 효과적일 수 있다는 방법론적 시사점이 되기도 한다.

넷째, 신체적 건강을 측정하는 방법에 있어서도 노인들은 타 연령 층과 차이를 나타낸다. 노인의 신체적 건강을 측정하기 위해 본 연구 에서는 노인의 신체적 건강상태를 주관적 건강상태와 객관적 건강상 태로 구분하여 측정하였다. 주관적 건강상태는 노인이 스스로의 건강 에 대한 지각상태를 측정하였으며, 객관적 건강상태는 체격과 생리지 수, 그리고 건강 기초체력을 측정하였다.

본인들이 자각하는 주관적 건강상태는 노인의 건강 또는 안녕을 반영하는 매우 중요한 지표로서, 실질적으로도 만성질환, 입원율, 신 체적 기능감소, 장애율 또는 사망률과 높은 상관관계가 있는 것으로 알려져 있다. 의학적 관점에서도 생명징후(vital sign)의 하나로 보며 타당성 또한 검증되면서 그 중요성이 강조되고 있다(정상혁 외, 2005; 이해정 외, 2002). 또한 노인의 주관적 건강상태는 생활만족도에 가장 강력한 영향요인으로(김숙경, 2004; 석말숙, 2004; 이은희 외, 2004; 한 형수, 2004; Chou et al., 2004), 타인과 비교하여 건강상태가 좋다고 생 각할수록 생활만족도가 높은 것으로 나타났다(강수균 외, 2003). 노인의 주관적 건강상태가 좋으면 건강태도에 긍정적이고, 건강관심도가 많을수록 편안한 마음을 유지하고 관계망 형성에도 긍정적이라고 한 다(김영숙 · 서영현, 2002).

우리나라 노인들의 주관적 건강상태를 살펴보면 자신의 건강상태를 동년배와 비교하여 좋게 평가하는 노인은 26.2%, 나쁘게 생각하는 노인은 55.3%로 나쁘게 생각하는 노인의 비율이 높았으며, 남자노인 (41.8%)이 여자노인(22.4%)에 비해 좋게 생각하는 비율이 2배가량 높았다. 무배우 노인(61.5%)이 유배우 노인(45.9%)보다 나쁘게 생각하는 비율이 더 높으며, 교육수준이 낮을수록 자신의 건강을 나쁘게 인지하는 비율이 높은 것으로 나타났다(보건복지가족부 · 계명대 산학협력단, 2009).[13]

2) 여성노인의 신체적 건강

여성노인의 건강상태는 남성노인들과 비교하여 매우 좋지 않은 형편이다. 2002년 UN의 '마드리드 고령화 국제행동계획'은 여성노인과 농촌노인이 불리한 환경과 낮은 수준의 삶의 질로 특별한 관심이 필요한 집단임을 강조한 바 있다(원형중 · 김숙자, 2006). 또한 우리나라 보건복지부에서는 '건강증진종합계획 Health Plan 2010'[14]을 통해 인

---

13) 정상혁 외의 연구에서 연구대상자 397명의 주관적 건강수준은 평균 2.5점으로, t검정결과 사회경제 변수인 소득, 교육, 직업, 보험에 따라 통계적으로 유의한 차이를 보였다. 소득의 경우 150만 원 이상일 때 교육수준은 기간이 길수록 직업을 갖고 건강보험에 가입되어 있는 경우 건강수준이 높았다. 성별로는 여성이 2.4, 남성이 2.7로 여성이 낮았다. 사회경제적 특성 외에도 질병유무, 신체적 기능, 수발자 유무 등이 주관적 건강수준에서 유의한 차이를 보였다(정상혁, 2005).

14) Health Plan 2010은 우리나라에서 2002년 '국민건강목표 2010'을 제시하면서 국민건강수명을 현재의 66세에서 75.1세로 향상시키는 것을 목표로 9개 분야별로 세부적 목표를 수립하여 추진하고 있는 계획을 말한다. 중점적 건강증진 분야는 금연, 절주, 운동, 영양, 정신보건, 구강보건, 모자보건, 만성질환관리,

구 집단 간 건강격차 완화를 주요한 국가정책 중 하나로 삼고 있는바(강혜원·조영태, 2007), 여성노인의 건강문제는 국가적 차원의 특별한 관심 문제가 아닐 수 없다.

우리나라 여성노인의 건강상태를 살펴보면 기능상태 제한이 있는 남성노인이 19.4%인 것에 비해 약 2배에 가까운 34.5%의 여성노인이 어려움을 겪고 있는 것으로 나타났다. 의사진단 만성질환 유병률에 있어서도 여성노인이 83.6%로 남성노인 72.5%에 비해 11.1%가 높은 것으로 나타나 남성노인에 비해 건강상태가 상대적으로 좋지 않음을 알 수 있다(보건복지가족부·계명대 산학협력단, 2009).[15] 여성노인들은 남성노인들에 비해 음주나 흡연율이 더 낮음에도 불구하고 높은 만성 질환율을 갖고 있으며, 특히 관절통과 만성요통의 경우에는 상병률이 남성노인의 약 2배에 달하는 것으로 나타났다(성향숙, 2001). 또한 주관적 건강상태에 대한 응답에서도 건강이 좋다고 대답한 여성노인의 비율은 22.4%로 남성노인 41.8%에 비해 그 응답률이 약 2분의 1가량이나 적었다. 일상생활 수행능력은 비슷하나 인지기능장애 비율이 높고 우울, 불규칙 수면 등 문제행동 영역이 높은 것으로 나타났다. 또한 저소득 대상이 많아 치료비에 대한 부담이 크고 수발자가 없으면서도 수발기간이 긴 특성을 갖고 있다(한국보건사회연구원·보건복지부, 2005). 이 같은 이유는 출산과 양육의 주 담당자라는 생태적 특성과 이에 대한 사회적 지지구조가 제대로 형성되어 있지 못했던 환경적 특성으로, 이전의 사회적 조건에 의해 건강상의

암관리에 초점을 두었다(박영임 외, 2006).

15) 2008년도 전국노인생활 실태조사에 의하면 의사진단 만성질병수에서 남성노인(72.5%)에 비해 여성노인(83.6%)이 약 11%가량 높아 여성노인의 건강상태가 더 좋지 않은 것으로 나타났다(보건복지가족부, 계명대산학협력단, 2009).

차이가 시간이 지날수록 누적되어 노년기에 건강불평등이 극대화된다는 확산가설(divergence hypothesis)의 관점에서 이해될 수 있겠다(House et al., 1994).

그러나 60세 이상 노인을 대상으로 한 Arber와 Cooper의 연구에 의하면 기능적 제한의 유병수준은 여성노인이 높았지만 주관적 불건강은 남성노인에 비해 낮은 것으로 나타나기도 했다(Arber & Cooper, 1999). 이와 같이 건강상 우열을 불문하고 여성노인과 남성노인에 있어 건강상 차이의 유무에는 이견이 없었다.

그러나 1990년대 후반부터 여성이 남성에 비해 오래 살기는 하나 불건강하다는 기존의 젠더 패러독스에 의문이 제기되었다. 최근 들어서는 건강의 젠더 차이가 지금껏 추정되었던 것보다는 훨씬 적다는 주장들이 나오고 있다(Barry & Yuill, 2008; 강영호, 2005). 여성들의 사회참여가 늘어나면서 가사노동 중심의 여성적 역할과 사회활동 중심의 남성적 역할이라는 기존 사회구조의 고정적 성역할이 흔들리게 되었고, 보다 복잡하고 다양화된 사회가 되면서 성역할에 따른 사회적 관계양상도 크게 달라졌다. 그래서 이제까지 성별에 따른 건강상의 차이가 생물학적 성별에 의한 것이었는지 아니면 성별에 따른 사회적 경험의 결과였는지에 대해서는 논의가 되고 있다(Barry & Yuill, 2008). 그러나 우리나라 여성노인들의 경우에는 소득, 교육수준, 최장직종, 무배우 상태 및 독거 거주형태와 같은 사회적 요인에 있어 이제까지 상대적으로 열악한 상황에 속해 왔기 때문에 여성노인의 이같은 불리한 경험차이로 여성노인들이 더 건강하지 못하다는 기존의 젠더 패러독스 패턴을 보인다고 하겠다(전경숙, 2008).

2. 여성노인의 정신적 건강

1) 노인의 정신건강

　미국 정신위생위원회(National Committee for Mental Hygiene)의 보고에 의하면 "정신적 건강(Mental Health)[16]이란 다만 정신적 질병에 걸려 있지 않은 상태만이 아니고 만족스러운 인간관계와 그것을 유지해 나갈 수 있는 능력"을 말한다(이영호, 2006). 노인들의 만족스러운 인간관계를 유지할 수 있는 정신건강의 수준을 나타내는 지표는 다양하나 그중 가장 중요한 변수 가운데 하나가 우울이다. 본문에서는 이 우울을 통해 노인들의 정신건강을 살펴보고자 한다.

　우울의 종류는 다양하여 학자들에 따라 다르게 정의를 내리고 있으나(Jan De Vries, 2007), 일반적으로 우울감이란 부정적 정서 상태로서 삶에서 실망의 결과로 나타난 슬픔, 낙담, 절망과 같은 느낌을 말하고 있다(이병윤, 1997). 우울은 일단 우울한 기분이 지속되는 상태로 두려움, 불안, 긴장, 우유부단한 정서를 갖는 증상을 나타낸다. 또한 무능감, 짐이라는 느낌, 필요하지 않은 사람이라는 느낌으로 자존감이 극도로 약해지고 외로움을 느끼며 주의집중력이 감소되며, 기억장애가 오며 자살에 대하여 반복적인 생각을 하는 증상이 나타난다. 신체상의 징후로는 체중과 식욕이 줄고, 피로, 불면증, 변비가 생기고,

---

16) '정신건강(mental health)'이라는 용어는 '정신위생(mental hygiene)'과 혼용되어 사용되고 있으나, 엄밀히 살펴볼 때 정신위생은 정신건강을 위한 실천적 수단을 보다 강조한 반면, 정신건강은 그 목표가 나름대로 달성된 이상적 상태를 지칭하는 용어로 이해할 수 있다. 즉 정신건강이라는 용어는 정신적으로 건강하지 못한 상태의 예방 및 치료라는 소극적 측면과 정신적으로 건강한 상태의 유지 증진이라는 적극적인 측면을 모두 갖고 있다고 하겠다(이영호, 2008).

면역력이 떨어진다(이태연·최명구, 2006).

주요 우울장애(Major Depression)는 가장 흔한 정신장애 중 하나로 일반적으로 인구의 5~10%가 주요 우울장애를 겪고, 3~5%는 치료를 요하는 주요 우울장애로 추정된다고 한다.[17] 우울증은 성별의 차이가 확연한 질병으로 서양에서는 여성의 10~25%, 남성의 경우 5~10%가 일생에 한 번 이상 주요 우울장애에 걸릴 위험이 있다고 하며, 사회문화적 지역에 따라서도 유병률에 차이가 난다고 한다(Youri Jang et al., 2008).[18]

우울증의 발생 요인은 다양하다. 그 가운데서도 연령은 주요한 영향요인 중 하나이다.[19] 노년기에는 안정감이 있고 심리적으로 성숙된 노인일지라도 노화에 따른 스트레스가 원인이 되어 다양한 심리적 변화가 나타날 수 있는데, 그중에서도 특히 우울은 노년기 전반에 걸쳐 경험하게 되는 정신건강 문제이다(윤진, 1997). 노인 우울의 원인으로는 사회적 상실감과 신체적 질병, 심리적, 성격적 원인을 들 수 있다. 배우자의 죽음, 노동시장에서의 자의적·타의적인 배제, 사회적 지위의 저하, 가정에서의 역할 상실과 같은 사회적 상실감이 원인이 되기도 하고 만성질환이나 일상생활동작의 어려움, 주관적인 건강

---

17) 우울증은 여러 질병 중 사회적, 직업적, 신체적 장애를 유발하는 네 번째 질병으로서, 우울증을 앓은 사람 중 10~15%가 결국 자살에 이르는 심각한 질병이다. 또한 WHO에서 사망률과 유병률을 고려하여 발표한 전반적 부담(global burden of disease)에 의하면 주요 우울장애는 1990년 모든 질환 중 4위이며, 2020년에는 허혈성 심장질환에 이어 2위가 될 것임을 예고하고 있다(WHO, 2001).

18) 연구에 따르면 미국의 경우 13~15%의 유병률을 보이는데 미국 내 소수인종 집단이 백인들에 비해 우울 척도에서 높은 결과를 보여 African Americans 26%, Cubans 32%, Non-Cuban Hispanics 30%에 비해 Whites는 15%라고 한다. 이는 우울에 사회문화적 차이가 있음을 보여주는 결과이다(Youri Jang et al., 2008).

19) 2008년도 전국노인생활실태 조사에 의하면 65세 이상 노인의 30.8%가 우울상태를 보이고 있다. 또한 연령이 높을수록, 교육수준이 낮을수록, 미혼이나 무배우인 경우, 독거인 가구형태에서 그리고 소득이 낮고 기능상태에 제한이 있을 경우 우울 비율이 높은 것으로 나타났다(보건복지가족부·계명대 산업협력단, 2009).

문제 등과 같은 신체적 질병이 그 원인이 되기도 한다. 또한 상실의 경험으로 나타난 감정적 불편함이나 죽음에 대한 두려움 등 심리적 반응의 한 형태로 나타나기도 한다. 또한 성격적 원인으로는 부적절한 대응행동을 보여 온 노인들이나 과도한 의존심 내지는 히스테리성 인격 등이 있다(이영호, 2006; 이태연·최명구, 2006).

우리나라 노인 가운데는 약 30~45% 정도가 우울성향을 보이는 것으로 조사되었다. 성별로도 차이가 있어 여성이 남성에 비해 우울정도가 높은 것으로 보고되고 있다(서지민 외, 2006; 보건복지가족부·계명대 산업협력단, 2009).[20] 노인우울의 인구사회학적 특성으로는 여성노인과(강희숙·김근조, 2000; 김오남, 2003; 노병일·모선희, 2007), 소득수준이 낮을수록(김오남, 2003; 이평숙 외, 2004; 노병일·모선희, 2007), 연령이 증가할수록(강희숙·김근조, 2000; 허준수·유수현, 2002), 배우자와 동거하지 않는 결혼상태(강희숙·김근조, 2000; 허준수·유수현, 2002; 노병일·모선희, 2007), 낮은 교육수준(강희숙·김근조, 2000; 노병일·모선희, 2007)에서 우울성향이 높은 것으로 나타났다.

또한 노인의 우울에 큰 영향을 미치는 요인 중 하나는 노인의 건강상태이다. 신체적 건강이 열악할수록 우울정도가 더 높고(강희숙 외, 2000; 김원경, 2001), 주관적 건강이 나쁠수록(강희숙 외, 2000; 김원경, 2001; 이평숙 외 2004; 노병일·모선희, 2007), 기능적 건강이 좋지 않을수록 우울정도가 더 높은 것으로 나타났다(김오남, 2003; 김원경,

---

20) 우리나라 여성노인의 31.1%, 남성노인의 21.7%가 우울 상태를 보임으로써 여성노인의 우울감이 큰 것으로 나타났다. 또한 농촌지역에 거주하는 노인대상의 연구에서도 여성노인의 우울이 높은 것으로 나타나고 있다(보건복지가족부. 계명대 산업협력단. 2009, 김오남. 2003).

2001). 체중의 변화 또한 우울과 관련이 있다. 체중이 늘었다고 우울이 증가하는 것은 아니지만 체중의 감소는 우울 증가에 선행된다. 우울증상이 증가했다고 체중 감소를 예상할 수는 없으나, 우울증상이 결과적으로는 체중과 관계가 있다. 그리고 신체의 기능적 제한 또한 우울을 증가시키는 확실한 요인 중 하나이다(Forman-Hoffman et al., 2007).

특별히 노인우울 판단 시에는 정상적인 노화로 인한 것인지 신체적 질환이나 우울장애의 증상인지를 엄밀히 구분하는 것이 중요하다. 노인환자의 신체증상은 우울증과 밀접한 관계가 있어서 우울증상이 있는 노인군 중 약 3분의 1에서 전체 증상을 호소한다고 한다(한창수 외, 2006).

건강과 관련하여 노인들은 신체적 질환에 이환될 것을 불안해하며 이환 시 어떻게 대처할 것인가에 대한 심리적 갈등으로 우울감이 증대되어 정신건강을 해치는 결과를 가져온다고 한다. 노인의 우울은 노인자살과도 밀접한 영향을 갖고 있어, 다른 인구학적 변수나 건강상태의 변수가 회귀모형에 투입되더라도 자살생각에 영향을 미치는 유의한 독립적 변수로 확인되고 있다(김수현·최연희, 2007). 그러므로 노인들에게 건강과 관련하여 발생하는 노화나 만성질환 등에 관한 정확한 정보 제공과 교육의 기회를 제공하고, 건강에 관련한 지지체계를 구축하는 것은 노년기의 심리적 적응에 큰 도움을 줄 뿐 아니라, 노인들의 신체적·정신적 건강을 증진시킬 수 있는 중요한 요인으로 작용할 것이라 생각된다(손덕순, 2006).

또한 노인들의 여가활동과 우울증은 부적 상관관계를 갖고 있다. 노인들의 여가활동 유형과는 상관없이 여가활동에 참여하는 노인은 참여하지 않는 노인들에 비해 우울정도가 낮은 편이며(Jonathan, 2000; Singh et al., 2001), 활동하지 않는 노인들은 활동하는 노인들과 비교하여 우울증에 걸릴 확률이 두 배나 높다고 한다(Gazmararian et al., 2000). 그러므로 규칙적인 신체활동과 건강 관련 교육활동을 통합적으로 구조화한 노인 대상 여가활동 제공은 노인들의 우울감을 줄여 정신건강에 도움을 줄 수 있을 것이다.

2) 여성노인의 정신건강

우울증을 통해 본 여성노인의 정신건강은 매우 취약하다. 우리나라 여성노인들은 31.1%가 우울상태인 것으로 나타났는데 이는 남성노인 21.7%와 비교하여 큰 폭의 차이이다. 연령이 높을수록, 교육수준이 낮을수록, 가구소득이 낮을수록 우울상태 경험 비율이 높았으며, 가구형태로는 노인독거가구가 41.7%로 가장 높고, 기타가구 32.4%, 자녀동거가구 27.2%, 노인부부 21.1% 순으로 우울 경험을 많이 하는 것으로 나타났다(보건복지가족부·계명대학교 산학협력단, 2009).

여성노인들의 우울증에 미치는 요인을 살펴보면 나쁜 인지기능의 영향과 만성질환 수와 통증, 죽음에 대한 불안과 좋지 않은 가족관계를 들 수 있다(김미령, 2004; 정영미, 2007). 배우자의 유무에 따라서도[21] 차이를 나타내며(김미령, 2004), 여성노인의 자존감이 높아지고,

---

21) 배우자를 상실한 여성노인의 경우에는 경제적인 어려움과 거주지 이전이 우울증을 증가시켰고 자긍심은 우울증을 낮추는 데 영향을 주었다. 사회참여는 우울증을 낮추었으며, 정서적 지지는 경제적 어려움과 거주지 이전이 있을 경우 모두 스트레스를 완화시키는 완충효과를 나타내고 있다. 배우자가 있는 경우에는 경제적인 어려움은 우울증을 증가시켰지만 거주지 이전은 우울증에 영향을 주는 스트레스 요인으로 작용

사회적 지지가 높을수록 또 자신이 거주하는 지역사회 환경이 편리하거나 안정된다고 느낄수록(손덕순, 2006), 생산적인 활동이나 여가 활동에 정기적으로 참여할 경우 생활만족감이 높고 우울이 경감되는 것으로 나타났다(허준수·유수현, 2002).

또한 여성노인의 우울은 교회의 출석률과도 밀접한 관련이 있는데 이는 남성과 여성노인에서의 차이보다도 더 큰 차이를 보인다고 한다(Norton et al., 2006). 정기적으로 교회출석을 하고 있는 여성노인은 교회에 전혀 출석하지 않은 노인에 비해 우울증에 걸릴 위험이 훨씬 적은데 이는 다른 교회 성원과의 정기적인 교제와 상호 간 강한 애착관계 때문이라고 한다(Duke, 1998). 그러나 대조적으로 한 달에 한 번 정도가 안 되는 낮은 교회출석률을 갖는 노인들은 오히려 종교적으로 빚진 감정을 갖거나 심리적으로 더 큰 스트레스를 받는 것으로 나타났다(Krause et al., 1999). 우울과 관련한 교회출석률과의 이 같은 관계는 여성노인의 정신적 건강이 노인의 학력이나 연령, 소득정도, 소득원의 차이보다도 죽음에 대한 불안이나 자존감 등 개인적 변인과 가족관계, 사회환경 만족도, 사회적 지지 등 사회환경적 변인에 종합적으로 더 영향을 받는다는 연구결과를 지지하는 결과로 해석할 수 있을 것이다(손덕순, 2006). 또한 우울과 관련된 여성노인들의 건강관련 삶의 질 요인 중 하나로 외모만족도에 대한 연구가 있다.[22] 여

하지 않았다. 자긍심은 노인의 우울증을 낮추는 영향요인으로 작용하였으며 사회참여는 우울증에 아무런 영향도 미치지 않았다. 정서적 지지는 배우자가 있는 노인의 경우 경제적인 어려움이나 거주지 이전 시 완충효과를 보이고 있지 않다. 이와 같이 배우자의 유무에 따른 스트레스원, 사회적 지지의 우울증에 대한 영향은 다르게 나타나고 있다(김미령, 2004).

22) 외모만족 관련 연구들은 주로 여성들의 식이장애 및 비만관련 주제들이 주를 이루고 있었으나, 2000년대 들어서면서는 화상, 절단, 유방, 자궁절제술 환자들의 신체상 변화와 관련된 삶의 질 혹은 건강한 사람들 대상의 노화에 따른 외모변화와 삶의 질 간의 관계에 관한 연구 또한 늘고 있다(Ferraro et al., 2008).

성들은 성인 초기, 중년기, 노년기 모두 외모만족도, 자아존중감, 우울, 스트레스 및 건강 관련 삶의 질의 주요 변수들 간 상관관계가 모두 통계적으로 유의한 결과를 나타냈으며, 그 가운데 여성노인들의 스트레스와 질병, 우울 및 외모만족도가 노년기 여성 건강 관련 삶의 질의 약 35.2%를 설명한 것으로 나타났다(박영례·손연정, 2009). 그러므로 노인건강증진 방법에 있어서 노인들의 건강행위 및 관련 요인의 성별 차이를 반영한 차별화된 접근전략이 마련되어야 한다. 계층별 건강행위를 무시한 건강증진사업은 건강 불평등을 더 확대할 수도 있으므로(김혜경, 2002), 여성들의 특성을 고려한 건강증진방법이 고안되어야 한다. 특히 여성노인들의 정신적 건강증진을 위한 프로그램 개발 시에는 여성노인들의 여성적 특성을 반드시 고려해야 한다.

연구에 의하면 여성노인들은 남성노인에 비해 광범위한 사회적 지원망을 갖고 있으며, 다른 사람들에게 제공하는 지원의 양도 많은 것으로 나타났다(전혜정, 2003). 특히 노인여가복지시설인 노인복지관에서 실시하는 서비스에 대한 연구에서 여성노인들은 남성노인들에 비해 불안과 적대감이 상대적으로 적은 것으로 나타났다(성창근, 2003). 노년기에 고립되지 않고 집단에 속하는 경험은 노인의 생산성과 독립심을 높이고, 사회적 통합을 가능하게 한다고 한다(한경혜·김주현, 2004; 한경혜 외, 2005; Tsuji, 1997). 그러므로 지역사회 노인들의 접근성이 높은 노인복지관이나 노인학교와 같은 여가복지시설에서 여성노인들을 대상으로 체계화된 건강교육이 실시된다면 클라이언트 중심의 건강과 관련한 지역사회 노인 보건복지 서비스 중 하나로 자리매김할 수 있을 것이다.

3. 여성노인의 특성 및 건강증진 생활양식

현대사회에서 여성노인은 연령과 성별에 의한 이중적 차별로 어려움을 겪고 있다(신용주, 2000). 우리나라 여성노인의 평균수명은 83.3세로 남성노인 76.5세에 비해 6.8년 정도 길고, 결혼연령은 상대적으로 낮아 노년기에 빈곤에 처할 사회적 환경에의 노출이 용이한 특징을 갖고 있다(통계청, 2009). 남성노인과 비교하여 소득이 적고, 무배우자에 독신가구 형태가 많고, 교육수준이 떨어지는 성별 차이를 보이고 있을 뿐만 아니라, 우리나라의 사회적 발달단계상 개인적인 노후준비를 할 수 없었던 세대로서 연령에 의한 이중적 불평등 구조 속에서 살아가고 있는 계층이다. 이러한 사회적 불평등 구조로 우리나라 여성노인들은 성별 건강 형평성을 위한 정책 대상인 동시에 연령에 따른 사회경제적 불평등 대상으로서 사회적 건강취약계층으로 관심의 대상이 되고 있다(김영택 외, 2008; 이소정 외, 2008).

여성노인의 특성을 이해하기 위해서는 여성노인의 경제 상태나 건강문제뿐 아니라, 가족, 여가, 종교 등 다각적 측면에서의 고찰이 요구되나, 사회적 건강취약계층으로서의 여성에 대한 이해를 위해 여성노인의 건강과 인구학적 특성, 그리고 경제적 측면에 국한하여 그 특성을 살펴보고자 한다. 실질적으로 여성노인들은 남성노인들에 비해 경제상태가 어려운 편으로 대부분 소득활동이 거의 없거나 활동이 있더라도 저소득인 경우가 많다(조희금·배나래, 2004). 일반적으로 여성노인의 소득은 남성노인의 약 40% 수준에 해당하며, 근로소득, 자산소득, 공적연금에서 모두 5배 이상 적은 수입의 차이를 보인다.[23] 빈곤율은 6%가량 높으며, 취업 중인 여성노인의 경우라도 자영

업자인 남성노인에 비해 무급가족종사자나 일용근로자, 시간제근로 자가 많아 직업의 질이 나쁜 편에 속한다(임금구조 기본통계조사보고 서, 2006). 월 가구소득 50만 원 미만의 저소득자인 경우 남성노인이 20.2%인 데 비해 여성노인 34.7%가 이에 해당되는 것으로도 여성노 인들의 경제적 어려움을 알 수 있다(보건복지가족부 · 계명대 산학협 력단, 2009).

가구형태에 있어서는 여성노인들의 28.9%가 독신가구이고, 노인부 부가구가 7%인 데 비해, 남성노인들은 독신가구가 6.2%, 노인부부가 구가 65.2%인 것으로 나타나 여성노인의 독신가구 형태가 높은 비율 임을 알 수 있다. 교육수준에서도 남성노인의 48.3%가 중 · 고등학교 이상의 학력인 반면 여성노인의 경우에는 16.0%에 불과해 여성노인 의 교육수준이 현저히 낮은 차이를 보이고 있다. 결혼 상태에서는 남 성노인의 90.3%가 배우자가 있는 기혼 노인인 반면 여성노인은 54.9%만이 배우자가 있다고 응답함으로써 남성노인과의 차이를 보이 고 있다(보건복지가족부 · 계명대 산학협력단, 2009). 이 같은 특성들 로 여성노인들은 상대적으로 사회적 불건강 상태에 처할 환경에의 노출이 높아지게 된다.

1947년 WHO(World Health Organization)에서 건강을 "단순히 질병 이 없거나 허약하지 않은 상태가 아니라 신체적 · 정신적 · 사회적으 로 완전히 안녕한 상태(physical, mental, and social well-being)"로 정의한 이후 몇몇 학자들은 여기에 환경적 차원(environmental dimension)과 정

---

23) 근로소득(여성 5.4만 원, 남성 15.6만 원으로 6배 차이), 자산소득(여성 3만 원, 남성 15.6만 원으로 5.2 배), 공적연금(여성 2.2만 원, 남성 16.4만 원으로 7.6배)은 남성이 높고, 국민기초생활보장급여(남성 0.7 만 원, 여성 2.0만 원)는 여성이 2.9배, 사적이전소득(남성 12.2만 원, 여성 14.7만 원)은 여성이 21% 높 다(조희금 · 배나래, 2005).

서적 그리고 영적 차원(emotional and spiritual dimension)이 포함되어야 함을 주장했다(Donnatelle & Davis, 1998; Insel & Roth, 2000). 또한 최근에는 개인의 문화적 유산과 다양한 문화적 교류를 고려한 건강에 대한 접근 방법 등도 논의되고 있다(Butler, 2001). 사실 질병에 대한 접근 방법이나 건강에 대한 이해는 동서양의 문화적 차이에 의해 다를 수도 있고 나라마다 다르게 이해될 수도 있다. 그러나 최적의 건강(Optimal Health)을 유지하기 위해 신체적 건강(Physical Health)과 정신적 건강(Mental Health), 정서적 건강(Emotional Health), 영적 건강(Spiritual Health) 그리고 사회적 건강(Social Health)이 통합적 차원에서 개인의 능력과 그 환경에 의해 뒷받침되어야 함에는 이견이 없는 추세이다(Roberts et al., 1994; Butler, 2001).

생의 주기에 따라 건강의 개념은 각기 다른 특성을 지닌다. 그 가운데서도 노인들의 건강은 타 연령층과는 구별되는 독특성을 지니고 있다. 연구에 의하면 노년기 건강에 관한 접근은 노인들의 특성에 맞춘 질병(illness) 치료 그 이상으로, 신체건강뿐 아니라 심리정서적·사회적·영적 건강까지를 고려하여, 건강관리와 삶의 질 향상이라는 통합적 관점 아래 노인과 그 가족을 중심으로 지역사회와 연계되어야 한다고 강조하고 있다(Tirrito et al., 1996).[24] 노인 건강을 이해하기 위해서는 이 같은 다각적 관점에서의 통합적 접근이 필요하나, 단기 프로그램의 효과성을 살피고자 하는 본문의 연구 목적으로 신체적·정신적 건강에 한정한 노인의 건강 특성만을 살펴보았다.

---

24) Tirrito, Nathanson, Langer에 따르면, 지역사회 전문실천가들은 정상적인 노화(normal age changes)와 병리적 변화(pathological changes)의 차이를 인식하고, 건강증진을 통한 질병예방에 중점을 두어야 함을 강조한다(Tirrto et al., 1996).

최근 들어 만성질환 노인의 건강관리 비용효과를 최대화하기 위한 방안으로 건강행위 증진에 관심이 높아지고 있다(박남희 외, 2001). 인간의 건강행위(health behavior)는 건강관련행위, 건강향상행위, 건강유지행위, 건강저해행위 등 다양하게 표현되는 복합적인 개념이다. 이 가운데 건강향상행위는 개인의 총체적 건강수준을 향상시키기 위한 의식적인 행위로서 주로 건강증진 관련 행위를 의미한다. 건강행위를 건강증진과 연결시키기 위해서는 건강행위에 영향을 미치는 다양한 요소들을 이해하여야 하는데, 건강증진의 측면에서 여러 요인에 의해 영향을 받는 건강행위는 생활양식이라는 관점에서 지속적인 행위변화를 이뤄가야 한다. 사람들은 자연 및 사회 환경, 집단의 구성원들과 그들 속에서의 사회화 과정 그리고 학습 경험 등의 영향으로 생활양식을 형성하게 되므로, 건강과 관련한 생활양식의 변화를 위해 개인, 조직, 사회 차원에서의 건강관리사업이 요구된다(박영임 외, 2006).

Pender는 건강증진 행위를 인간의 자기실현 성향에 대한 표현으로 특정 질병이나 문제와 관련되지 않으며, 개인의 안녕, 자아실현, 자기성취를 유지 및 증진시키는 것을 목적으로 한다고 하였다(Pender, 1982). 지속적인 건강증진행위를 위해서는 건강증진에 대한 동기요소를 강화하고 자발적 참여를 유도해야 한다(서순림 외, 2004). 그러나 노인들의 경우에는 건강행위에 대한 동기가 부족하거나 건강행위 방법을 알지 못해서 건강한 생활양식을 습득하거나 태도를 변화하기가 어려운 경우가 많다. 그러므로 지역사회 안에서 노인들의 건강행위를 꾸준히 증진하여 생활양식을 변화할 수 있도록 하는 프로그램들이 요구된다.

건강증진 생활양식의 이행 정도를 측정하기 위해 워커 등(Walker et

al., 1987)은 건강증진 생활양식 측정도구를 개발하였다. 이 도구는 연구대상자의 현재 생활양식과 개인습관의 이행을 측정하기 위해 건강책임, 신체활동, 영양, 영적 성장, 대인관계, 스트레스 관리 등 여섯 개 영역, 52개 항목으로 구성되었다. 우리나라에서는 이 도구를 통해 중년기 여성(김경미 등, 1994)과 여대생(김주현 외, 2001), 관절염 환자(임난영·서길희, 2001; 김인자 외, 2001), 노인(김희자 외, 2000; 박정숙·이혜란, 2003; 박정숙, 2004; 서현미·하양숙, 2004)들을 대상으로 연구가 진행되었다.

제2절 노인여가복지시설에서의 노인건강증진 교육

1. 우리나라 노인여가복지시설 현황

노년기가 길어지면서 노후 여가생활에 관심을 갖고 적극적인 사회활동을 영위하고자 하는 노인이 증가하고 있는 추세이다. 우리나라의 노인여가복지시설[25]은 총 61,065개소로 경로당이 59,543개소로 가장

---

25) 우리나라 노인복지법 제36조에 의거한 노인 여가복지시설에는 경로당, 노인복지관, 노인교실, 노인휴양소가 있다. 경로당은 지역노인들이 다양한 여가활동을 할 수 있도록 장소를 제공하는 것을 목적으로 하는 시설을 말한다. 65세 이상 노인이 이용 가능하며 최근에는 경로당을 독거노인에 대한 생활교육 실시장소로 활용하는 것을 포함하여 다양한 프로그램을 제공함으로써 노인 복지를 적극 증진시키는 지역의 노인복지·정보센터로 기능을 혁신시키는 방안을 도입하려 하고 있다(2009년 노인보건복지사업안내). 또한 노인(종합)복지관은 60세 이상 노인을 대상으로 노인의 교양, 취미생활 및 사회활동 등을 위한 각종 서비스, 건강증진과 질병예방 서비스, 소득보장과 재가복지서비스, 그 밖에 노인의 복지증진을 위한 다양한 서비스를 제공하는 것을 목적으로 하는 시설을 말한다. 노인교실은 노인대학, 노인학교라는 명칭을 주로 사용하는 곳으로 노인들에게 건전한 취미생활, 건강유지, 소득보장, 기타 일상생활과 관련된 다양한 학습프로그램을 제공해 주는 시설을 의미한다. 노인휴양소란 노인의 휴양과 관련된 위생시설, 여가시설, 기타 편의시설을 단기간 제공하는 것을 목적으로 하는 시설을 말한다.

많으며, 노인교실이 1,280개소, 노인복지회관이 237개소, 그리고 노인 휴양소 5개소가 있다. 대다수의 노인들은 노인여가복지시설에 대한 인지도는 높으나 실질적인 이용경험은 인지율에 비해 부족한 상태이다. 기관별 특성을 살펴보면 경로당의 경우 인지율이 가장 높고 이용 경험에 있어 성별 차이가 없다. 그러나 노인교실과 노인복지관은 높은 인지율에도 불구하고 이용률이 낮은 편이고 특히 여성노인들의 이용률이 높은 것으로 나타났다. 또한 노인교실, 노인복지관, 노인휴 양소를 이용하고 싶은 희망률이 현재 이용률보다 높은 것으로 나타 났는데, 이는 앞으로 더 많은 노인들이 노인여가복지시설의 서비스를 쉽게 이용할 수 있는 방안들이 강구되어야 함을 나타내는 점이다.

〈표 1〉 노인여가복지시설 서비스 이용에 대한 성별 인지율, 이용경험률, 이용희망률

(단위: %)

구분	시설 수	인지율		이용경험률		이용희망률	
		남성	여성	남성	여성	남성	여성
경로당	59,543	98.4	97.9	44.1	44.8	55.6	59.4
노인교실	1,280	86.9	80.2	9.4	13.1	33.5	34.5
노인복지관	237	86.8	81.4	13.7	15.5	38.1	38.4
노인휴양소	5	38.7	30.9	1.1	1.2	30.8	30.4

자료: 고령자통계, 2009; 보건복지가족부 · 계명대 산학협력단, 2009.

노년기가 되면 여가시간은 연장되지만 여가활동의 범위와 참여도 는 오히려 축소되어, 70대 노인의 여가활동 참여도는 20대의 약 25% 수준으로 낮아진다고 한다(Gorden et al., 권중돈, 2008. 재인용). 노인 의 여가제약 원인으로는 경제적 부담과 건강, 체력 부족(박미석, 2004), 비용적인 측면이나 장소에의 접근성(허준수, 2002), 금전적 · 시간적 ·

시설적 제약(윤연희, 2006), 여가생활 시 부상의 위험, 여가생활에 대한 정보와 지식 부족 등을 들 수 있다. 최근 들어 노인여가의 중요성과 관심이 증가되면서 관련 연구도 늘고 있으나 성별을 고려한 여성노인의 차별화된 문제를 고려한 연구는 아직 부족한 실정이다(원형중·김숙자, 2006).

다음은 우리나라 노인들의 성별에 따른 여가활동 참여도에 관한 내용의 표이다.

〈표 2〉 우리나라 노인들의 성별 여가활동 참여도

(단위: %)

여가활동 구분	전체		남		여	
	2004	2008	2004	2008	2004	2008
특별히 없음	11.6	2.8	9.2	2.8	13.1	2.8
가족과 함께하는 일	29.8	52.3	26.7	50.6	31.8	53.5
사교활동(친구만남, 회식, 동호회 등)	21.7	18.5	22.3	21.3	21.4	16.4
신문, 독서, TV, 라디오	9.5	10.5	8.8	10.6	9.9	10.3
영화 감상, 전시회 관람	0.3	0.2	0.5	0.1	0.2	0.2
바둑, 장기, 화투	3.0	0.7	4.2	0.9	2.3	0.5
운동, 등산, 낚시, 국내외 여행	5.8	5.4	9.0	7.4	3.9	3.9
노래, 서예, 그림, 공예, 다도	1.4	1.0	3.0	1.0	0.4	0.9
컴퓨터, 인터넷	0.2	0.2	0.5	0.3	0.1	0.0
자원봉사, 시민단체, 정치단체	0.9	0.4	1.5	0.4	0.5	0.3
종교활동	5.1	6.7	2.0	2.9	7.2	9.5
자녀 및 손자녀 양육	3.0	0.5	2.6	0.6	3.2	0.4
집안일하기	0.8	0.6	0.3	0.9	1.2	0.4
기타(교양강좌 및 기타)	7.8	0.2	9.4	0.2	4.8	0.9

자료: 한국보건사회연구원, 2005; 보건복지부·계명대 산학협력단, 2009.

<표 2>에서 나타난 2004년과 2008년도의 여가활동 참여도를 성별로 살펴볼 때 두드러진 특징은 노인들의 여가참여가 활발해졌다는

점이다. 여가활동이 없다는 노인의 수가 11.6%에서 2.8%로 감소하였는데, 특히 여성노인들의 경우는 13.1%에서 2.8%로 그 감소폭이 상대적으로 컸다. 또한 가족과 함께하는 일의 항목이 29.8%에서 52.3%로 급격히 증가하였는데, 남성노인(50.6%)과 여성노인(53.5%)이 각각 23.9%와 21.7% 상승하였다. 또한 바둑, 장기, 화투와 같은 정적인 여가활동이 남녀노인 모두에게서 감소하였고 자녀 및 손자녀 양육이 3.0%에서 0.5%로 크게 줄었다. 이 같은 결과는 이제까지의 소극적인 노인들의 여가활동이 노인들 중심의 보다 적극적인 형태로 변화하고 있음을 시사한다. 종교활동에 있어 남녀노인의 성별 차이가 그리 큰 폭은 아니나 모두 증가하였다. 그러나 여성노인들의 종교활동 참여도와 증가폭은 여전히 높았으며, 사회활동보다는 가족중심적인 활동이 남성노인들에 비해 높은 것을 알 수 있다. 특이한 점은 컴퓨터, 인터넷과 관련한 여가활동이 4년 전에 비해 오히려 줄었을 뿐만 아니라 여성노인의 경우 거의 없는 수준이라는 것이다. 이 같은 결과는 노인들을 대상으로 하는 정보화 교육이 그 중요성과 필요성에도 불구하고 현실적으로 노인들의 삶에 영향을 주지 못하는 선언적 의미로만 진행되고 있음을 반영하는 것이다.

2. 노인여가복지시설에서의 노인교육

우리나라의 노인들은 시·군·구청과 노인복지관 그리고 종교기관의 노인학교에서 주관하고 있는 노인교육 프로그램을 통해 주로 평생교육을 받고 있다. 이 외에 노인 단체나 대학 부설, 사설 기관 등에서 노인교육을 담당하고 있기는 하나 시·군·구청에서의 교육을 제외하고는 노인복지관과 종교기관 노인학교 등 노인여가복지시설에서 주로 노인교육을 담당하고 있다.

현재 우리나라 노인들의 평생교육 참여현황을 분석하면 다음 <표 3>과 같다. 평생교육 프로그램에 참여하고 있는 노인은 12.0%이고 앞으로 참여를 희망하는 노인은 25.8%이다. 남성노인에 비해 여성노인의 참여도가 상대적으로 높았으며, 연령은 70대가 가장 높다. 평생교육을 받은 교육 실시기관으로는 시·군·구청이 38.2%로 가장 높았고, 노인복지관이 34.2%, 종교기관 20.7%, 노인단체 5.4%, 사설기관의 노인교실 5.2%, 대학부설 2.9% 순이었다. 전체적으로 정부 및 지자체 단위의 기관과 노인복지관에서 실시하는 교육을 경험한 노인이 반수 이상을 차지하고 있다. 그러나 성별과 연령을 고려해 보면 남성노인들은 여성노인들에 비해 시·군·구청, 노인단체, 대학 부설기관 및 사설기관에서의 평생교육에 더 많이 참여한 반면 여성노인들은 노인복지관과 종교기관에서의 평생교육에 더 많이 참여한 것으로 나타났다. 연령별로도 차이를 보여 연령이 높을수록 시·군·구청 참여비율은 줄고, 종교기관 참여율은 증가하는 것으로 나타났다. 또한 교육수준에 따라서도 차이를 보였다. 교육수준이 낮을수록 종교기관의 참여율이 높고, 교육수준이 높을수록 시·군·구청의 참여율이 높았다. 노인복지관은 전체적으로 교육수준에 있어 고른 분포를 보이고 있다. 이상의 결과를 살펴보면 노인 평생교육 기관별로 노인교육 주 대상의 특성, 즉 성별이나 연령, 교육수준을 고려한 노인교육의 특성화가 필요함을 알 수 있다. 특히 교육수준이 낮고 연령이 높은 여성노인들을 대상으로 노인교육 프로그램을 실시함에 있어서는 여성노인들의 참여도와 접근성이 높은 종교기관의 노인학교가 매우 중요한 노인교육의 장이 될 수 있다는 점을 알 수 있다.

<표 3> 우리나라 노인들의 성별, 연령, 교육수준별 평생교육 및 실시기관

(단위 %)

| | 특성 | 교육 경험 있음 | 평생교육 실시기관(중복응답) | | | | | | |
			시·군·구청	노인 복지관	노인 단체	종교 기관	대학 부설	사설 기관	기타
전체	60세 이상	12.0	38.2	34.2	4.9	24.5	2.3	4.9	1.0
성별	남성	9.8	41.5	33.2	6.5	13.7	4.1	5.7	1.5
	여성	13.6	36.4	34.7	4.9	24.5	2.3	4.9	1.0
연령	60~64세	8.7	63.4	19.7	2.2	9.4	5.4	5.8	1.8
	65~69세	11.2	41.9	39.1	4.3	17.8	3.9	2.7	0.8
	70~74세	15.3	32.3	38.3	8.1	18.4	1.9	6.8	1.5
	75~79세	15.8	24.7	39.2	5.2	30.2	1.3	4.4	1.0
	80~84세	14.3	20.3	35.6	8.4	32.3	0.7	8.1	0.3
	85세 이상	9.1	10.5	27.2	7.3	55.0	2.2	3.8	0.0
교육 수준	무학 (글자 모름)	5.2	29.0	30.6	9.9	25.6	0.0	11.4	0.0
	무학 (글자 해독)	9.5	24.9	36.1	5.2	32.8	0.4	4.5	0.0
	초등학교	12.6	35.1	35.7	6.5	17.9	1.5	6.0	1.5
	중·고등학교	13.8	44.0	33.5	5.1	19.0	4.8	3.6	0.9
	전문대 이상	17.5	49.7	30.6	1.0	21.2	6.6	4.6	2.6

자료: 보건복지가족부·계명대산학협력단. 2009.

또한 노인들이 평생교육 프로그램으로 희망하는 교육내용을 살펴보면, 체력단련이나 건강진단, 건강유지를 위한 활동 등 건강프로그램 참여의사가 가장 높은 것을 알 수 있다(강영식·박병관, 2008). 건강관리에 관한 교육은 성별 차이 없이 모두 가장 큰 관심 분야로 희망하고 있으며, 중기와 후기 고령 노인들이 건강관리 교육에 참여하고 싶은 욕구 정도가 전기 고령 노인에 비해 높은 것으로 나타났다

(보건복지가족부·계명대 산학협력단, 2009).[26]

현재 우리나라의 노인 건강교육은 노인여가복지 시설에서보다는 보건소 등 지역사회 보건기관에서 주로 담당하고 있다. 그러나 대부분의 교육이 일반인을 대상으로 하는 경우로 노인들의 특성과 요구에 맞추어진 노인대상 교육 프로그램으로 특성화되어 있지는 않다. 그러므로 노인을 서비스 대상으로 특성화한 노인여가복지시설, 즉 노인학교나 노인복지관 등에서 노인의 건강 교육을 담당하는 것은 지역사회 안에서 노인들의 접근성을 높인다는 점과 노인 관련 전문기관으로서 노인들의 특성과 요구에 맞는 노인건강 교육을 실행할 수 있다는 실효성과 가능성의 장점이 있다. 노인여가복지시설에서의 노인 관련 전문 사회복지사들이 노인들의 건강 요구에 보다 큰 관심을 갖고 지역사회 건강 관련 전문가들과의 연계를 통한 프로그램을 구성하여 제공할 때 노인들의 특성에 맞는 건강 프로그램이 제공될 수 있으리라 생각된다.

3. 노인여가복지시설에서의 노인건강증진 교육

이제까지 노인들의 건강증진 교육은 노화에 대한 편견으로 인해 그 효과성에 의구심을 받아 왔다. 그러나 선행연구에 따르면 노인건강증진 교육프로그램 실시 후 노인들의 체력과 삶의 질에서 향상 효과가 있으며(정경숙, 2003), 노인을 위한 건강증진 행위는 질병예방과

---

26) 2008년 전국 노인생활실태 조사에 의하면 전체노인의 41.1%(남성 41.5%, 여성 40.8%)가 건강관리를 가장 선호했으며, 이후 여가와 취미 31.6%, 일반교양 8.3%, 정보화교육 8.3%, 사회참여 3.8%, 취업 2.1%, 노후경제 1.0%, 기타 0.5% 순으로 평생교육 프로그램을 희망하였다. 건강관리 프로그램 선호도는 연령이 높아짐에 따라 높아져 80~84세의 경우 51.9%로 가장 높았다.

건강상태의 개선을 통해 노인이 건강하게 생활할 수 있는 기간을 연장시키고 기능장애의 기간을 줄이며, 독립적이고 의미 있는 일에 참여할 수 있게 함으로써 삶의 질을 높이는 것으로 나타났다(Branch & Jette, 1984; Heidrich, 1998). 또한 노인건강증진 교육프로그램은 자기효능감과 운동을 유지·증진시키는 데 기여함으로써 노인 스스로 스트레스 관리를 더 잘하게 한다고 하였다. 그러므로 지속적인 건강증진 행위를 위해 건강증진에 대한 동기요소를 강화하고 자발적 참여를 유도하는 건강교육 프로그램의 필요성이 대두된다(서순림 외, 2004).

1) 노인건강증진 교육 현황

우리나라의 노인 관련 보건의료 정책에는 크게 국민건강보험제도와 의료급여제도 그리고 노인 건강지원사업이 있다. 대부분의 보건의료정책에서는 노인을 특정 대상으로 하고 있지는 않으며, 그중 노인건강지원사업27)만이 노인복지법에 의한 노인의 질병 예방과 건강증진을 목적으로 실시되고 있다. 노인 건강지원사업의 주요 사업내용으로는 노인 건강진단사업과 암 검진 및 개안수술사업, 치매노인상담센터 운영, 치매조기검진사업 등이 있다(보건복지부, 2008). 그러나 치

---

27) 우리나라 노인 보건복지 사업 안내에 따른 노인건강진단사업은 질병의 조기발견 및 조기치료를 통해 건강의 유지, 증진을 도모하고 노인 건강수준을 향상하여 건강하고 활기찬 노후생활을 보장하기 위한 사업이다. 1차는 기본진료와 혈액검사, 기타검사를 실시하며 2차로는 기본진료와 흉부질환, 순환계 질환, 간질환, 신장질환, 빈혈, 당뇨, 안질환, 치매, 골다공증 검사를 실시하고 있다. 실시대상은 시·군·구 관할 구역에 거주하는 65세 이상 국민기초생활보장 수급자 및 차상위 노인 중 노인건강진단 희망자, 또는 기타 보건소장이 노인 건강진단이 필요하다고 인정하는 자를 대상으로 한다. 노인 안검진 및 개안수술사업은 저소득층 노인 등에 대한 정밀 안 검진을 실시하여 안질환을 조기 발견하고 적기 치료함으로써 노인들의 실명 예방 및 일상생활 가능한 시력을 유지하고, 노인 개안수술비 지원을 통해 노인 및 가족의 의료비 부담을 경감시키고, 안검진 및 수술대상의 단계적 확대로 노인건강을 체계적으로 보장하려는 사업목적에서 2003년부터 실시하였다. 이 외에 치매노인상담센터 운영과 치매 조기 검진사업 등이 있다(보건복지부, 2008).

매노인상담센터 운영을 제외하고는 모두 저소득 노인에 국한되어 있어 일반 노인들을 대상으로 하는 건강증진 사업이나 교육에 대한 체계적인 정책은 없는 실정이다.

건강상태에 따라 노인의 유형을 4개 기준으로 구분하면 첫째, 만성질환 없이 건강하면서 일상생활에 자립적인 노인, 둘째, 비록 만성질환은 지니고 있지만 일상생활에 자립적인 노인, 셋째, 만성질환도 있으면서 일상생활에 의존적인 경증상태의 노인, 넷째, 만성질환도 있으면서 일상생활에 의존적인 중증상태의 노인으로 구분할 수 있다(선우 덕, 2003). 노인건강증진 교육 프로그램의 주요 대상 집단은 이 가운데 두 번째 집단에 해당한다고 할 수 있다. 이들의 건강증진 목적은 비록 만성질환에 이환되어 있으나 일상생활이 자립적이기 때문에 가능한 한 현재의 건강수준이 악화되지 않도록 유지하는 데 그 중점을 둔다. 이들을 대상으로 하는 사업은 주기적인 건강검진 및 만성질환의 지속적인 의료관리 서비스와 만성질환 특성에 부합하는 영양관리, 낙상, 골절 예방 서비스 제공, 그리고 만성질환 유형에 적합한 운동 프로그램, 건강증진 교육 프로그램 개발이다. 이 같은 프로그램 등을 통해 만성질환을 갖고 있는 노인들이 의존적인 생활로 전락하는 것을 예방·지연하고 일상생활을 할 수 있도록 하기 때문이다(고승덕 외, 2003).

인구 고령화의 영향으로 우리나라 일반노인들 가운데 81.3%가 의사진단 만성질환을 관리하며 일상생활을 보내고 있다.[28] 이제는 이

---

28) 우리나라의 65세 이상 전체노인의 81.3%가 의사진단 만성질병을 한 가지 이상 앓고 있다고 한다. 성별로는 여자노인(95.0%)의 만성질환 유병률(83.6%)이 남자노인(72.5%)에 비하여 11.1% 더 높다. 주요 만성질환종류별 유병률을 살펴보면 고혈압(47.0%)이 가장 높으며 다음으로 관절염/류머티즘(29.8%), 그다음은 요통, 좌골통(18.9%)이며 그다음은 당뇨병, 골다공증, 위십이지장 궤양/위염, 협심증/심근경색증, 뇌졸중,

같은 일반노인을 대상으로 하는 건강증진사업, 즉 만성질환을 관리하며 일상생활에 도움을 줄 수 있는 포괄적·사회적 서비스로서의 건강증진사업이 보호의 연속성이라는 관점에서 제공되어야 할 시점이다(박창제 외, 2008). 노인들의 건강문제를 노인들 스스로 발견하고 해결하는 데 도움이 되는 노인건강증진 교육은 노인들의 삶의 질 향상에 매우 중요한 수단이므로 노인들의 건강유형에 적절한 건강지원사업이 확대 개편되어 제공되어야 한다.

현재 우리나라 노인건강증진 정책은 중앙정부와 지방정부로 나누어져 실시되고 있다. 중앙정부의 건강증진정책은 건강생활 실천, 만성질환 관리, 생애 주기별 건강증진 등 3가지 사업을 축으로 건강증진 사업 기반을 구축하고 교육, 홍보, 건강증진, 질병예방사업 및 건강증진 연구개발 및 평가 사업의 실시가 있다. 또한 지방정부에서는 지역의 전체노인을 대상으로 하기보다는 저소득 취약계층을 주요 표적 집단으로 정하고 건강생활 실천보다는 주로 치매상담센터 및 질병예방 관리 사업을 하고 있다(이태화 외, 2005). 노인 건강진단사업은 재정지원의 확보가 가장 커서 현재 실시되고 있는 노인건강증진사업 중 실천이 가장 잘되고 있다. 미실천 사업으로는 노인 건강생활 실천사업이 가장 많은데 이는 지역마다 노인건강증진사업 수행에 차이가 있기 때문이다.

우리나라 노인건강증진사업은 지역사회 내 보건소의 건강증진사업과 국민건강보험공단에서 실시하는 프로그램들, 그리고 노인여가복지시설에서 운영하는 건강 프로그램 등이 있다. 보건소에서의 건강

백내장, 만성기관지염/폐기종, 고지혈증 등의 순서였다(보건복지가족부, 계명대 산학협력단, 2009).

증진사업은 건강생활실천과 질병예방관리가 병행되고 있으나 일반 건강증진사업과 노인건강증진사업이 분리되어 진행되고 있지는 않다. 보건소의 노인건강증진사업 중 건강생활실천사업에서 실시 빈도 수가 가장 높은 사업은 운동 프로그램이다. 담당인력은 주로 간호사와 외부강사이며 주로 건강교실 형태로 시행되고 있다. 노인 체조교실의 기간은 5~24주로 다양하지만 주로 12주로, 주 1회에서 3회 정도 운영되고 있다. 2006년부터 시행하고 있는 노인건강증진 허브 보건소제도에29) 대한 평가결과에서는 운동 프로그램이 전기 고령자들에게서 약 2배 이상의 기능향상 효과가 있는 것으로 나타났다(선우덕 외, 2008). 보건소의 질병예방관리 사업으로는 고혈압 프로그램이 가장 많이 실시되고 있다. 보건소의 노인건강증진사업 효과에 대해서는 지역주민들의 건강에 도움이 된다는 응답도 있으나, 효과에 대한 객관적인 증거를 확인할 수는 없다고 응답한 보건소도 많다. 국민건강보험공단에 실시하는 노인건강증진 운동교실은 2004년 시범운영 후 2005년 전국적으로 확대되어 총 227개 지사, 3,020개 시설에서 실시되고 있다. 프로그램으로는 체조, 춤, 구기, 걷기, 수상(수영), 기구 운동 등이 있으나 그중에서 체조교실이 가장 많다. 체조교실은 12주로 한정되어 실시되고 있으며 운동 빈도는 주 2~3회 실시되고 있다(이태화 외, 2005). 그리고 노인복지관에서의 건강증진사업은 건강생활실천보다는 여가지원사업을 중심으로 제공되고 있다. 건강생활실천

---

29) '노인건강증진 허브보건소'는 보건복지부에서 지역사회 중심의 체계적이고 효율적인 노인건강 관리체계를 마련하기 위해 16개 시·도에 1곳씩 모두 16개소를 지정, 운영하는 사업이다. 이를 위해 1개 보건소당 8,500만 원(국비 50%, 지방비 50%)씩 총 6억 8,100만 원의 국민건강증진 기금을 투입, 해당 시·도 보건소의 노인건강운동 지도인력에 대한 교육 및 기술지원을 하며 노인건강증진사업에 활용할 수 있는 지역사회 자원을 조사·발굴해 연계하는 허브기관의 역할을 수행하고자 하는 사업이다(전남대학교 건강증진 기금사업 지원하다. 2009).

에는 운동, 영양 및 식사지원 프로그램 등이 있으며, 여가지원사업으로는 노래교실, 건강댄스, 수지침, 레크리에이션 등이 있다. 건강 프로그램은 주로 노인운동사업이 주를 이룬다. 프로그램의 주 담당자는 사회복지사이며 스포츠댄스, 요가, 건강운동 등은 강사를 초빙하여 운영하기도 한다. 이 외에 고혈압 관리 프로그램, 당뇨 관리 운동 프로그램이 있다. 사업기간은 1년씩 진행되지만 여름·겨울방학 16주를 제외하면 약 36주이고 운동 빈도는 주 1~5회로 다양하나 주 1회가 가장 많았다(이태화 외, 2005).

이상의 노인건강증진 프로그램 현황을 살펴본 결과 우리나라의 노인건강을 위한 보건교육에는 몇 가지 개선점이 있다. 첫째, 우리나라의 노인 보건교육에서는 노인 보건교육 전문요원과 교육 자료가 확보되지 않고 있다. 둘째, 적절한 교육장소 및 교육시간이 설정되어야 하고, 적절한 교육기자재가 설치되어야 한다. 셋째, 노인들의 자발적인 참여와 보건의료기관의 적극적인 협조가 이루어져야 하고, 넷째, 노인 보건교육에 대한 적절한 홍보 전략과 치밀한 보건교육계획이 작성되어야 한다. 끝으로 가장 중요한 필요 예산의 확보 문제가 해결되어야 한다(고승덕, 2001).

이 같은 문제점 가운데 적절한 교육장소 및 교육시간의 설정과 교육기자재의 설치, 노인들의 자발적인 참여와 보건의료기관의 적극적인 협조, 그리고 노인보건교육의 홍보 전략과 치밀한 보건교육계획 작성 등의 문제는 주기적인 노인 집단 모임을 갖고 있는 지역의 노인학교나 노인복지관 등 노인여가복지시설을 활용할 때 비교적 효율적인 방법으로 그 해결점을 찾을 수 있을 것이다. 그러나 건강증진사업의 일환으로써 노인대상 건강증진 교육이 실시되기 위해서는 우선 평생교육의 차원으로 노인교육 프로그램을 실시하는 기관에서 학습을 목적으로 정기적인 일정과 규칙 아래 시행되어야 한다. 그리고 이때 반드시 필요한 부분이 노인건강증진 교육에 대한 전문성 확보의 문제이다. 노인여가복지시설 복지사들이 노인건강증진 교육의 담당자로서 전문성을 확보하기 위해서는 그들의 강점인 노인에 대한 기본적인 이해 및 양질의 관계형성의 바탕 위에 노인건강증진 교육 담당자로서 필요한 전문 기초지식과 기술을 익힐 수 있는 교육적 체계가 요구된다. 또한 지역사회 자원과의 연계, 특히 보건소나 인근 병원 지역사회의 각종 인력자원들을 활용하여 노인들이 생활에 응용할 수 있도록 수준에 맞는 내용의 정보들을 재구성하여 노인건강증진 교육 프로그램을 개발하고 전달할 수 있도록 노력해야 한다. 이를 위해 노인들의 수준에 적절한 건강교육 교재나 교구 개발이 다학제적인 차원에서 이루어져야 하며, 일정한 교육적 체계 속에서 노인건강증진을 담당하는 한 체계로서의 사회복지사의 역량을 키워 나가야 한다.

2) 노인건강증진 교육내용

대부분 만성질환 노인들의 건강증진 교육내용은 주로 고혈압이나 당뇨병, 관절염 등에 대한 자기관리 교육을 포함한다. Stanford 대학에서 개발된 만성질환 자기관리 프로그램(The Chronic Disease Self-care Management Program, CDSMP)은 그 효과성이 안정적으로 증명된 교육 프로그램으로 초기에는 관절염 환자를 대상으로 시작되었으나, 최근에는 당뇨, 고혈압, 심장질환, 뇌졸중 환자들에게도 높은 적용 효과를 보이고 있다(송미순, 2004).

만성질환 노인에 대한 교육은 다른 교육과 마찬가지로 지식과 기술, 그리고 태도의 범주로 구성되어 있다(Davis & Chesbro, 2003). 만성질환 자기관리 프로그램은 지식의 측면에서 질병에 따른 원인, 예후, 관리 방법 등을 포함한다. 예를 들어 당뇨를 갖고 있는 노인대상 교육에서는 식이, 운동, 투약, 혈당조절 등 지식적 측면에서의 교육내용을 포함한다. 최근 들어서는 스트레스 관리나 발 관리 등 합병증 예방차원에서의 지식들까지 교육하고 있다. 또한 기술적 측면에서 일상적으로 대처해야 하는 전략들도 매우 중요하다. 증상조절과 관련한 이완기술, 식이조절, 수면과 피로관리, 바른 약품 사용, 운동, 의료인과의 의사소통기술, 통증 조절 등이 있다. 태도적 측면에서는 '질병의 수용'과 '힘증강'에 대한 태도를 학습해야 한다. 질병을 수용하는 대상자는 질병에 대하여 비수용(nonacceptance)적이거나 적대적인 관계(adversarial)를 나타내는 환자들에 비해 상대적으로 질병과 관련된 책임을 수용하고 노력하는 것으로 나타났다(송미순, 2004).

만성질환 자기관리 교육프로그램은 기본적으로 질병별로 개발된 집단교육 프로그램의 형태가 대부분이다. 교육프로그램 내용 중에는 상담이 포함되는 경우가 많으며, 집단적 상호지지와 노인의 사회적 활동의 활성화를 목표 내에 포함시키는 것 또한 일반적이다. 집단지지를 위한 인원은 8~20명 정도가 일반적이며 가족지지를 지원하는 것과 사교의 기회를 제공하는 것 또한 프로그램 구성의 중요한 전략이다.

특히 노인을 대상으로 하는 만성질환 교육에서는 비지시적이고 상호협력적인 접근으로 능동적인 학습참여를 유도하는 성인교육의 원리를 적용하는 것이 중요하다. 대부분 노인들을 대상으로 하는 의료

관련 정보제공 교육들의 효과가 만족스럽지 못한 가장 큰 이유는 대상자들의 이해능력을 고려하지 않고 제공되는 비효과적인 교육방법이다. 그러므로 노인들의 이해능력을 고려한 교육전략 수립이 요구된다(김수현·이은주, 2008). 대부분의 건강증진 교육이 교육을 받는 사람의 입장을 고려하지 않고 각종 지식과 경험을 전문가적 입장에서 전달함으로써 교육효과가 반감되는 경향이 있다. 특히 노인을 대상으로 하는 건강증진 교육은 노인과 전문가 사이에 정보교환이 큰 특징이다. 그러므로 실제로 노인들을 학습과정에 적극적으로 참여하도록 유도할 수 있는 다양한 방법들을 강구하는 것은 노인건강증진 교육에서 중요한 관건이 된다.

또한 노인들 가운데서도 연령, 교육수준, 결혼상태, 월수입에 따라 의료정보 이해능력에 수준 차이가 있을 수 있으므로, 노인건강증진 프로그램에서는 집단의 수준을 고려한 효과적인 교육자료 사용이 매우 중요하다. 가급적 양식을 단순화하고 간단한 단어나 문장을 이용하여, 소제목이나 큰 글씨 등으로 사용해 글씨가 쉽게 눈에 들어오도록 하고, 적합한 만화나 그림 등을 적절히 이용하는 방법이 유용할 수 있다.

통합적 건강증진 프로그램에서도 만성질환 관리를 프로그램의 핵심내용으로 포함하여 노인들의 대표적 만성질환인 고혈압과 당뇨에 관한 지식적인 측면과 기술적 측면의 교육내용을 구성하였다. 질병 원인과 증상, 그리고 대처방법을 영양관리, 운동, 약물 사용 등에 대한 내용으로 교재와 과제물을 이용하여 전달할 수 있도록 하였다. 교재 선정은 K구 보건소에서 그림 삽화 중심으로 기 개발된 만성질환 관리 소책자를 기본교재로 사용하면서, 서울특별시와 한국보건산업진흥원에서 노인집단 중심 만성질환관리사업의 일환으로 개발한 어르신 체험형 교육자료를 워크북 형태로 활용하였다. 교육방법은 교재를 중심으로 하는 강의 형태를 기본적으로 진행하면서 과제물을 통해 교육 강화 및 성취감의 증가를 유도하였다.

제3절 여성노인을 위한 통합적 건강증진 프로그램

1. 프로그램 개발 배경

우리나라의 노인 건강 관련 프로그램은 주로 간호학(김순이, 1996; 김주희·정영미, 2001; 서현미, 2001, 서순림 외, 2004; 강희선·박연환, 2005; 정영미, 2007; 천의영, 2008), 의학(어광수, 2003; 최기운, 2004), 보건학(권영숙, 2004; 김형남, 2007) 체육학(이숙자, 2000, 임란희, 2006) 등 다양한 학문 분야에서 연구되고 있는데, 사회복지(이정숙, 2004; 왕경희, 2005; 김혜숙, 2009) 분야에서도 그 관심이 증대되고 있는 추세이다. 그러나 노인들의 건강 건강특성을 신체적·정신적·사회적인 측면에서 통합적으로 고려한 건강증진 프로그램 연구는 아직 미흡한 실정이다.

사회복지 분야의 노인건강증진 프로그램은 주로 지역사회 일반 노인들의 접근성이 높은 노인여가복지시설에서 시행되고 있는 경우가 많은데, 대부분 단발적인 대집단 건강교육 강좌나 건강검진 혹은 단순 운동 프로그램 등에 그치고 있어 노인들의 건강생활 전반에 영향을 미칠 수 있는 건강프로그램으로 자리매김하기에는 역부족인 실정이다. 미국의 지역사회 교회집단 중심 만성질환 교육프로그램(비디오, 오프라인 교육)의 경우에는 집단 내 높은 동질성으로 만성질환 관련 예방법이나 관리 등에 관한 정보 공유가 높고, 자조모임 또한 활성화되고 있어 프로그램의 효과성을 인정받고 있는데, 이는 우리나라의 경우와 비교되는 부분이다(장현숙 외, 2008).

그러므로 노인들의 기능적 건강이 중시되는 급격한 고령화 사회 속에서 일반노인들의 집단 구성이 용이한 노인여가복지시설에서의 노인건강증진 프로그램 개발이 요구된다. 특히 우리나라 전체 노인의 약 3분의 2를 차지하고 있는 여성노인은 그 수적 우세뿐만 아니라, 출산과 양육으로 인한 신체건강상의 취약성, 사회경제적인 상대적 열악함의 원인으로 특별한 관심이 요구되는 건강 불평등 계층 가운데 하나이다(김영택 외, 2007; 김영택 외, 2008).[30] 그러므로 이들을 대상으로 한 노인여가복지시설 내 건강증진 프로그램이 필요하다.

2. 프로그램 목적 및 목표

1) 목적

지역사회 노인여가복지시설의 여성노인들을 대상으로 통합적 노인건강증진 프로그램을 제공함으로써 그들의 건강증진 생활양식 행

---

30) '여성건강' 및 '젠더의 차이로 인한 건강'이 여성문제와 여성복지의 중요한 부분으로 작용함에도 불구하고 우리나라에서 '여성건강'이라는 교과명의 강의가 진행되고 있는 경우는 대학교, 대학원, 보건대학원 중 오직 1곳에 불과했다(김영택, 2007).

위의 변화를 도모하고 신체적·정신적 건강을 포함하는 여성노인의 통합적 건강증진을 그 목적으로 한다.

2) 목표

(1) 과정목표

① 여성노인들을 대상으로 만성질환 자기관리를 포함한 신체적 건강증진 교육을 실시한다.

② 여성노인들을 대상으로 집단상담을 포함한 정서적 지지 프로그램을 실시한다.

③ 여성노인들을 대상으로 건강과 관련한 사회적 지지체계를 구축한다.

(2) 결과목표

① 통합적 노인건강증진 집단 프로그램 실시 후 대상 노인들의 건강증진 생활양식 행위를 증가시킨다.

② 통합적 노인건강증진 집단 프로그램 실시 후 대상 노인들의 주관적 신체 건강상태를 향상시킨다.

③ 통합적 건강증진 집단 프로그램 실시 후 대상 노인들의 객관적 신체 건강 상태를 향상시킨다.

④ 통합적 건강증진 집단 프로그램 실시 후 대상 노인들의 우울을 감소시킨다.

3. 프로그램 내용

1) 신체적 건강증진

(1) 만성질환 관리 프로그램

가. 혈압 및 당뇨 등에 대한 기초 지식 및 관리에 대한 교육

대부분의 노년기 질환은 노화와 장기간의 부적당한 건강습관이 원인이 되어 근본적 치유가 불가능한 만성질환인 경우가 많고, 방치할 경우 악화되기 쉬운 특징을 갖고 있다. 그러므로 노년기의 건강습관과 건강행위는 노인의 건강 유지 및 만성질환 예방과 관리에 중요한 요인이 된다. 따라서 건강증진 생활양식의 변화를 통해 건강증진을 도모하고 만성질환을 예방, 관리할 수 있는 전략 개발이 필요하다(강희선·박연환, 2005). 외국의 경우에는 만성질환관리에 대하여 지역사회 여러 기관들의 정책과 유기적 협력을 통해 지역사회 만성질환 관리사업을 강화, 추진하고 있다(장현숙 외, 2008). 현재 우리나라에서는 만성질환 관리를 위해 공공정책 개발 및 건강관리 환경 및 인프라 조성, 지역사회활동 강화와 만성질환자 조기발견과 등록관리, 저소득층 보호를 통한 개인 건강기술을 개발하고자 노력하고 있다(장현숙 외, 2008).

본 프로그램에서는 K구 보건소에서 개발, 지역주민을 대상으로 사용하고 있는 3종의 만성질환 관리 소책자들과 서울시와 KHIDI(한국보건산업진흥원) 고령친화산업센터에서 노인 만성질환관리사업의 일환으로 개발한 어르신 체험형 교육자료, 그리고 경로당 노인들을 대상으로 사단법인 대한노인회 서울시연합회에서 개발한 『노인건강증

진과 예방관리』교재를 프로그램의 교재와 과제물로 활용하였다. 주
제는 고혈압과 당뇨 등 만성질환의 원인과 증상 그리고 예방 및 대처
방법 등이며 수업방식은 강의 및 토론의 형식으로 진행한다.

　나. 만성적 약물복용에 대한 교육

　우리나라 65세 이상 노인들의 3개월간 약 또는 건강식품 사용경험
조사에 의하면 대상자의 80.3%가 건강식품이나 약을 사용하였고, 이
중 의사 처방약은 71.1%, 평균 약물 수는 2.49개인 것으로 나타났다.
그중 약국 일반약은 15.0%, 건강보조식품 15.0%, 한약 9.9%, 기타 약
및 건강식품이 0.8%를 차지하여, 높은 약물 사용 비율 및 다중약물
사용뿐 아니라, 각종 질환 치료를 위한 약물 이외에 의사 처방 없이
질환 예방과 건강유지 및 증진을 위한 영양제, 한약, 건강식품 등을
개인적으로 사용하고 있는 것으로 나타났다(한국보건사회연구원·보
건복지부, 2005).

　일반적으로 노인들은 노화로 인한 감각 지각의 변화, 인지 능력의
감소로 인한 기억력 변화, 민감성 저하 등으로 약물복용방법, 복용량
을 정확히 지키는 순응도가 떨어진다. 약물반응에 대한 감수성 또한
변화하여 약물요법으로 인한 위험가능성이 높은 취약집단이 되기 쉽
다(김정선, 2001). 또한 노인들의 우울증 정도나 본인들이 판단하는
건강염려 요인 등으로 약 용량의 과다복용(over dose), 자의적인 약물
선택복용(self-selection of drugs), 약물복용 간격의 축소(changes in dose
interval) 등의 주요 문제를 일으키는 경우도 많다(조경환, 1998). 특히
대부분 만성질환에 이환되어 있는 노인들의 약물복용 문제는 건강과
직접적으로 연관되어 중요한 요인으로 작용하게 된다.

만성질환 노인들은 약물을 사용하는 과정에서 경제상태, 가족의 지원 요인에 의해 민감하게 영향받는다. 장기간 약물을 복용해야 한다는 경제적 부담감으로 약물복용에 대한 두려움을 느끼거나, 선택의 폭을 줄이고, 특정 약물에 더욱 집착하기도 한다. 만성질환의 특성상 장기적인 치료를 요함에도 불구하고 일정기간 효과를 발휘하지 못하면 치료를 거부하거나 혹은 자기식대로 약물을 조정하는 경향도 있다(김정선, 2006).[31] 그러므로 약물사용 유형과 욕구에 대한 사정을 통해 노인들의 약물복용 문제를 최소화하고 건강관리를 할 수 있도록 약물복용에 대한 정확한 정보 및 교육이 요구된다. 본 프로그램에서는 현재 본인들이 복용하고 있는 약물 및 보조 식품 등에 대하여 꼭 필요한 약만을 복용하고 있는 것인지 담당 의료진과의 연계를 통해 점검의 시간을 갖고, 지시에 맞추어 정확하게 복용하도록, 상호 간 지지·격려하도록, 약물복용과 관련한 토론 시간을 갖도록 한다.

(2) 노인의 영양교육

미국의 경우 식습관은 중요한 사망원인 중 하나이다. 서구화되고 있는 우리나라의 식생활 변화의 환경 속에 건강과 관련한 영양교육은 매우 중요한 부분이며, 특히 대부분 만성질환에 이환되어 있는 노인의 경우는 더욱 그러하다. 연구에 의하면 우리나라 60세 이상 전체

---

31) 김정선의 연구에 의하면 만성질환을 앓고 있는 여성노인들은 '약물과 더불어 살아가기'의 과정에서 3가지 유형으로 나뉘고 있다고 한다. '자기주도형'은 약물과 오랜 세월동안 함께 살아오면서 약물사용에 대한 자신만의 철칙과 주관을 가지고 현실에 순응하여 약물을 생활의 일부로 자연스럽게 받아들인다고 한다. 둘째, 소문추구형은 만성질환으로 약물을 사용하면서 늘 약물사용에 대한 갈등이 내재되어 맹목적인 치료 기대행위로 고통을 겪었음에도 강한 기대감이 지속되어 주위 유혹에 휩쓸려 역행하는 양상을 나타낸고 한다. 셋째, 약물고집형은 중복적인 만성질환을 앓고 있어 다양한 보완방법을 강구해야 하는데 경제적 어려움으로 가장 저렴하고 구입이 편한 약물만을 고집하여 우선 급한 현재만을 중요하게 여김으로써 약물만이 질병치료의 유일한 대안이라고 생각한다고 한다(김정선, 2006).

노인의 24.5%(여성노인 27.7%, 남성노인 20.3%)가 영양 관리에 문제가 많아 개선이 필요한 상태이며(보건복지가족부·계명대 산학협력단, 2009),[32] 영양의 불균형이나 부족증이 매우 흔하여 재가노인의 경우 5~15%, 시설노인의 경우 30~50%가 이에 해당하는 것으로 추정된다고 한다(백현옥, 2007).[33]

노화가 되면 몸을 구성하는 성분 중 근육질이 감소하고, 총지방량이 증가하여 복부비만이 동반되며 생활습관질환이 쉽게 발생하게 된다. 그러므로 전체적으로 식사량과 총열량 섭취량을 줄이고, 지방과 단백질을 고루 섭취함으로써 만성질환의 발병을 감소시키도록 하는 것이 좋다. 특히 우리나라 노인들은 과일군과 우유군 섭취량이 저조한 것으로 나타났는데(김혜련 외, 2007), 이는 노인들의 가구형태가 독거나 노인 단독 가구 등으로 점차 바뀌어 가는 사회적 현상을 반영하는 것으로, 이를 보완하기 위한 사회적 노력이 요구된다. 본 프로그램에서는 영양관련 교재 및 시청각 교재를 활용해 강의 및 토론을 통한 교육을 실시한다.

(3) 노인과 운동[34]

노인들은 생물학적 노화와 신체활동의 부족으로 일어나는 기관의

---

32) Nutrition Screening Initiative(NSI)가 개발한 'Determine Your Nutritional Health' 체크 리스트를 이용한 조사로 총점수 범위는 0~21이며, 양호(0~2점), 영양관리 주의 요구(3~5점), 영양관리 개선 필요(6점 이상)을 의미한다. 연령이 높을수록 영양관리 개선이 필요한 노인이 증가하였는데, 남성노인보다 여성노인에서 영양관리에 개선이 필요한 노인의 증가 정도가 더 높았다. 특히 85세 이상 남성노인의 경우에는 남성노인 27.8%, 여성노인 35.0%가 영양관리에 개선이 필요한 것으로 나타났다(보건복지부·계명대 산업협력단, 2009).

33) 2001년 국민건강영양조사결과 보고서에 따르면 65세 이상 노인의 경우 다른 군에 비해 영향섭취 저하로 영양부족의 위험률이 매우 높은 것으로 나타났다.

34) 스포츠와 운동 그리고 신체활동은 확연히 구분되는 용어이나 본 프로그램 안에서는 '노인과 운동' 또는 '노인의 신체활동'이라는 용어가 엄격히 구분되지 않고 쓰였다.

퇴화로 젊은 성인에 비해 체력 요인에서 낮은 기능을 나타내어(Marieke et al., 1998), 일상생활의 제약과 위험에 노출되게 된다. 노화현상을 인위적으로 억제할 수는 없으나 신체활동의 부족으로 오는 기능의 저하와 기관의 퇴행은 신체적 기능의 적정수준을 유지함으로써 지연할 수 있다(오노균·박진홍, 2003). 규칙적인 운동과 신체활동은 심장병, 당뇨, 고혈압, 우울증, 불안, 골 소실 등을 감소시키고 여러 가지 건강개선의 효과가 있는 것으로 알려졌다(Prohaska et al., 2006, 재인용). 노화현상으로 체력이 저하된 노인들도 에어로빅 등의 유산소 운동과 신체적 활동을 통해 퇴행체력을 유지·증진할 수 있으며 노인성 질환을 예방하고 노화를 방지하며 사회적·정서적 안정을 도모하게 된다(Emery & Gatz, 1990). 궁극적으로 노인들에게 운동은 체력유지와 증진, 노인성 질환 예방과 노화 방지 그리고 사회적·정서적 안정 도모에 그 목적이 있다고 하겠다(임란희, 2006).

노인들의 운동은 그들의 특성에 맞게 수행이 가능하고 시간과 장소의 제한 없이 실시할 수 있는 안전하고 지속성이 용이한 요소들을 고려하여야 하므로 본 프로그램에서는 집에서도 쉽게 따라 할 수 있는 체조와 스트레칭을 위주로 구성하였다.

체조 프로그램의 성공적인 판정을 위한 신체적 활동에는 지구력과 근력, 유연성, 평형성 등이 개선될 수 있도록 구성되어야 한다(Prohaska et al., 2006). 노화로 인한 가장 두드러진 체력구성 항목 중 하나가 유연성의 쇠퇴이므로, 노인 대상 신체활동에는 근육을 신전시키는 스트레칭이 매우 중요하다. 스트레칭은 운동범위를 개선시키고 관절 혹은 다른 형태의 통증을 경감시키는 데 적절한 운동이 된다. 그러므로 노인들을 대상으로 체조를 구성할 때에는 운동전후의 준비, 정리운동으

로 스트레칭을 적합하게 구성하는 것이 바람직하다(임란희, 2006).[35]

2) 정신적 건강증진

(1) 집단 토론 및 상담

노인의 정신건강을 위한 문제해결방법으로는 현실요법, 지지요법, 환경요법, 애완동물요법 등 다양한 요법과 연구들이 제안되고 있다 (Buckhardt, 1987). 그 가운데서도 지지적 접근과 인지행동적 접근에 관한 연구가 가장 활발한 편이다. 노인에게 있어 정서적 지지는 생활 스트레스의 완충작용을 하기 때문에 노인의 정신건강을 위한 중요한 전략이 될 수 있으며(Bosworth & Schaie, 1997), 인지행동적 상담을 통한 효과 또한 그 검증에 대한 보고가 늘고 있다. (Fry, 1984; Abler, 1990; Sheryl, 1998). 통합적 노인건강증진 프로그램에서는 자신의 환경과 미래에 대한 부정적 사고 경험의 인지적 재구성과 긍정적 사고를 유도할 수 있는 내용을 포함한다. 실생활에서 건강관리를 시행·유지하도록 동기를 부여하게 하는 내용으로 노화에 따른 심리적 변화에 대한 이해와 노화에 대한 막연한 두려움이나 우울감의 극복, 정신건강을 지키기 위한 생활수칙 등을 포함한다(Klemmack & Roff, 1984). 위의 내용을 주제별로 4회로 나누어 집단 토론 및 상담을 실시한다. 집단 상담에서는 진행자와 성원 상호 간의 지지적 환경을 구축하고, 노화 및

---

35) 스트레칭의 종류에는 동적 스트레칭(Ballistic Stretching)과 정적 스트레칭(Static Stretching) 그리고 고유 감각성 신경 근촉진(PNF)이 있다. 노인들에게는 에너지 소모가 적고, 조직 손상에 의한 통증이 거의 없으며 또한 근육통을 경감시킬 수 있는 정적 스트레칭과 가벼운 중량을 사용하는 Light-Resistance 스트레칭을 무리하지 않게 가장 편안한 감각을 느끼는 스트레칭 포인트까지만 할 수 있도록 하는 것이 중요하다(임란희, 2006).

건강과 관련한 주제 아래 성원들이 마음을 터놓을 수 있는 시간을 마련한다. 질병이나 노화에 대한 편견에서 비롯된 비합리적인 불안감 해소를 목적으로 노화에 대한 각 구성원의 생각을 우선 발표하고 그에 대한 의견들을 교환함으로써 지지적 환경 조성 및 비합리적 사고와 정보를 수정하는 기회를 제공한다. 또한 이후 구성원들 스스로 건강과 관련하여 자조집단을 구성·운영할 수 있도록 환경과 정보를 지원한다.

(2) 뷰티케어 연지곤지 프로그램

뷰티케어 프로그램은 여성노인의 여성성에 대한 접근을 통한 정서적 지지 프로그램이다. 다른 연령층과 마찬가지로 여성노인에게도 외모는 심리상태에 큰 영향을 미친다. 연구에 의하면 노인을 매력적으로 보이게 하는 행태는 노인 자신과 사회에 대한 수용성을 높이고 행복과 생명력을 느끼게 한다고 한다(김용숙 외, 2004). 또한 안정감과 자신감을 갖게 하며 사회활동을 적극적으로 참여하게 함으로써 집단 구성원으로의 소속감을 느끼게 한다(류현혜, 2007). 특히 화장은 커뮤니케이션을 원활하고 효과적으로 행하기 위한 하나의 수단으로(Graham & Jouhar, 1983), 노인들에게 심리적 안정감과 사회적 적극성을 유발하게 하고(이원진, 2003), 자아존중감을 높여준다고 한다(최연숙, 2000). 본 프로그램에서는 여성노인들의 미적 욕구를 자극 충족함으로써, 그들의 여성성에 대한 가치와 인식을 제고시키고, 이를 통해 여성노인의 정신적 건강증진을 도모하고자 하였다. 또한 일방적인 서비스의 제공과 수혜가 아니라 서비스 과정에서의 스킨십과 대화를 통해 노인들 스스로 자연스러운 대화를 나누게 함으로써 회상의 장을 만드는 계기를 마련하고자 하였다.

(3) 실버 레크리에이션

본 프로그램에서는 2회에 걸친 실버 레크리에이션 활동을 진행한다. 실버 레크리에이션이라고 명칭한 것은 노인들의 수준에 적합한 활동내용이 일반 성인들의 레크리에이션과는 구별되어야 하기 때문이다. 첫 회기에 진행되는 실버 레크리에이션 프로그램은 성원 간 또는 성원들과 진행자 간의 원만한 관계형성을 목적으로 협동심을 키울 수 있는 활동 위주로 구성하였다. 프로그램을 통해 성원들의 집단참여에 대한 흥미를 유발하여 참여율을 높임으로써 자발적 참여를 유도할 수 있기 때문이다. 또한 마지막 회기 시에는 집단 종결에 따른 상실감을 다루며 그동안의 활동들을 정리하는 목적으로 활동적이면서도 자유로운 감정 표현의 장을 만들 수 있는 활동들로 구성하였다. 성원들에게 레크리에이션 참여는 자기 표현력 향상과 자신감을 갖게 하고 집단참여로 인한 부담을 덜어 심리적 안정감을 꾀할 수 있다.

3) 사회적 건강증진

(1) 지역사회 노인 여가 프로그램 참여

우리나라 노인들이 노인여가복지시설의 프로그램 가운데 가장 선호하는 프로그램은 건강관리 프로그램이며, 프로그램의 접근성 요소 중에서는 지리적인 접근성이 가장 중요하다고 한다(이경희, 2005). 그러므로 지역사회 내 노인복지관이나 일정 규모를 갖춘 노인학교 등에서 노인들의 건강 관련 프로그램을 제공하는 것은 매우 바람직하다. 이들 기관을 통해 교육 프로그램을 제공하거나, 건강 관련 자조모임 결성을 도와 노인들 스스로 건강관리를 할 수 있도록 도울 수 있다. 또한 지역사회 내 각종 건강 관련 기관들과의 연계를 위한 시스템들을 도입할 수도 있다. 노인들은 대부분 개인적으로 병원이나 보건소를 통해 의료 지원을 받고 있다. 그러나 치료보다는 관리 측면이 더 중요한 노인들의 특성을 고려할 때, 그들 스스로 건강에 관심을 갖고 합리적인 건강증진 행위를 지속할 수 있도록 하는 다양한 체계들이 요구된다. 특히 사회경제적으로 취약한 소외 여성노인계층의 경우 사회적 지지망의 확대는 매우 중요하다. 그러므로 지역사회 노인여가복지기관들 내의 동아리 활동이나 또는 건강 관련 소집단 활동에 대한 지원을 통해 노인여가복지시설은 민간복지 영역 내에서 노인건강증진을 꾀할 수 있는 주요한 전달체계 가운데 하나가 될 수 있을 것이다.

(2) 새로운 사회적 관계 설정 및 지지를 위한 자조집단 결성

미국의 '노인동료 만들기 프로그램(Senior Companion Program)'은 60세 이상 저소득층 노인이 소정의 연금으로 도움이 필요한 동년배들과 동료관계를 갖게 하는 프로그램이며, '양조부모 프로그램(Foster Grandparent Program)'은 60세 이상의 저소득 노인이 소정의 연금으로 특별한 도움을 필요로 하는 아이들과 교류하거나 안내자 역할을 하는 프로그램으로 연방정부의 후원을 받고 있다(Haber, 2006). 이 같은 노인 자조모임의 형태로 노인들 스스로 자신들의 건강을 유지할 수 있는 목적의 모임을 결성하도록 돕는 것이 필요하다. 이 모임을 통해 프로그램 종료 이후에도 운동이나 혈압, 당뇨조절을 위한 투약 여부 등 건강관리를 노인들 스스로 해 나갈 수 있도록 서로가 관심을 갖고 지지할 수 있는 소집단을 구성하도록 격려한다. 우리나라의 경우 지난 2007년부터 2009년까지 서울시에서 한국보건산업진흥원에 위탁, 시행한 바 있는 '노인집단 중심 만성질환관리사업 프로그램'에서는 지역사회 노인집단을 중심으로 노인들의 만성질환관리 사업체계를 확립하기 위하여 '어르신 건강지킴이'를 발굴·육성하도록 제안하여 선발, 교육 훈련한 바 있다(장현숙 외, 2008).

(3) 건강증진을 위한 지역사회 네크워크 조직

노인들의 건강관리에 대한 가족 및 담당 의사와의 의사소통 통로 구축은 매우 중요하다. 노인들에게 지역의 보건소나 건강가족 지원센터에서 실시하는 다양한 건강 관련 프로그램 및 이용 정보를 제공하고 교육을 실시하여 지역 사회 내 건강증진 네트워크를 활용할 수 있도록 한다. 또한 개인별 건강수첩의 사용을 독려하여 평소의 병식과 기초정보를 제공하고 응급 상황 시 대처방법에 관한 교육을 함으로써 신속한 처치가 가능하도록 한다. 또한 응급상황 발생 시 병원으로의 즉각적 이송을 위해 가족이나 병원 등 연락망을 활용할 수 있는 체계를 구축한다. 특히 독거노인이나 단독가구 형태의 노인들은 위급상황 대처에 대한 불안감에 노출될 수밖에 없으므로 이 같은 교육과 지역사회 내의 연계는 심리적인 측면에서의 안정감을 갖게 할 수 있다.

4. 논리모델을 통한 통합적 노인건강증진 프로그램

논리모델은 프로그램 모델이라고도 불리는데, 이는 사회복지 실천을 계획할 때 그 과정의 표준화되고 구조화된 산출물을 고려하는 것이다. 즉, 프로그램의 투입, 전환, 산출, 성과 간의 관계를 논리적으로 연결해 프로그램을 체계적으로 기획하고, 성과를 구체적으로 측정하고 평가하는 도구라 할 수 있다. 논리모델은 프로그램의 투입에서 결과까지의 연결고리를 그림(diagram)으로 표시해 프로그램의 목적달성을 위한 활동(전환)의 수행으로 성과를 구체화해 전반적인 프로그램에 대한 이해 증진은 물론 프로그램의 성과평가를 위한 개념적 틀을 제공한다(황성철, 2005).

논리모델은 하나 혹은 그 이상의 실천이론들을 포함할 수 있는 개입과 평가를 계획하기 위한 구조적인 방법이다. 체계분석으로부터 발전되어, 프로그램 사용자들이 차별화된 결과, 즉 목적과 목표들을 방법적으로 요구할 때, 그 결과를 이루기 위한 대안적인 방법들을 고려해 보고 그 과정을 계획하는 것이라고 할 수 있다. 논리모델은 여러 수준의 순차적 개입 혹은 동시적 개입에 둘러싸일 수 있는 다중 체계적 실천에 사용될 수 있다는 점에서 고전적 사회복지 모델이 내포하고 있는 아이디어를 능가한다고 할 수 있다. 논리모델의 기본구조들(Basic Structures)은 프로그램이든, 혹은 실질적 개입이든 변화과정의 인지적 구조를 종합적으로 함께 제공하는, 주의 깊게 서술된 진술문으로서 간결한 구조를 갖고 있다. 진술문은 표적과 방법들과 목적적인 개입의 결과에 집중되어 있다.

논리모델의 주요 구성요소들은 문제 규정하기(Defining the Problem), 목적 세우기(Setting Goals), 목표 쓰기(Affixing Objectives), 투입과 방법들 개발하기(Developing Inputs and Methods), 결과와 산출물 분석하기(Analyzing Results and Outcomes)로 이루어진다. 문제를 개념화하는 것

(Defining the Problem)은 계획과정에서 가장 중요한 부분으로 문제규정으로부터 목적과 방법, 개입계획이 나오게 된다. 목적 세우기 (Setting Goals)는 진술된 문제가 개선 혹은 해결될 수 있도록 하는 미래의 상태를 소비자의 관점에서 진술하는 것인 데 비해, 목표 쓰기 (Affixing Objectives)는 덜 개념적이고, 보다 더 견고하고 측정 가능하며, 세부적인 목적의 구성요소로, 결과로서 기술된 진술문이어야 한다. 투입과 방법들의 개발(Developing Inputs and Methods)은 목적과 목표가 세워진 것에 대한 의미를 세분화하는 것이다. 투입은 변화과정으로서 실제 자료이며, 방법은 계획된 결과를 산출하는 과정을 말한다. 결과와 산출물 분석하기(Analyzing Results and Outcomes)는 단기간의 결과와 장기적인 산출에 대한 평가 구분이 필요하다(Alter & Egan, 1997).

가. 통합적 노인건강증진 프로그램 논리모델<그림 1>

문제: 노인들의 평균수명 연장과 사회구조의 변화로 노인의료비 등 노인부양의 사회적 부담이 증가하고 있는 반면 노인들의 삶의 질 향상 욕구는 더욱 증가하고 있다. 이러한 사회적 환경 속에서 노인들의 건강문제가 고령화 사회의 가장 큰 문제로 대두되고 있다. 특히 노인인구의 3분의 2를 차지하고 있는 여성노인들은 남성노인들에 비해 평균 수명이 길고, 전통적 가부장제 등 성차별적 요인으로 건강상태가 더 취약함에도 불구하고, 여성노인들의 건강문제는 아직까지 사회적으로 큰 주목을 받고 있지 못한 실정이다. 차후 우리나라가 초고령 사회로 접어들게 될 때 후기고령 여성노인의 건강문제는 지금보다 더욱 큰 사회문제로 부각될 것이 예상되어, 여성노인의 건강증진 향상을 위한 다각적인 해결방안이 모색되고 있는 중이다. 그 가운데 지역사회 여성노인들의 접근성이 높은 노인여가복지시설에서의 여성노인 대상 건강증진 프로그램 개발이 사회적으로 요구되고 있다.

목적: 지역사회 노인여가복지시설에서 통합적 노인건강증진 프로그램을 실행함으로써 여성노인들의 건강을 증진시키고 그들의 삶의 질 향상을 추구한다.

단계	목표 Objectives	하위목표 Detail Objectives	투입 Input	프로그램 Methods	결과 Results
1	여성노인들의 신체적 건강을 증진한다.	1) 만성질환에 대한 이해수준 향상 2) 노년기 영양 섭취의 이해수준 향상 3) 노인운동을 통한 신체능력 증진 4) 주관적 건강상태 향상	• 참가자 모집 • 자가 건강관리수첩 배부 • 노인 제조 담당 강사 섭외 • 건강계약서 작성 • 주관적 건강상태 설문 조사 • 건강증진생활양식 II 측정 • 기초체측정(어깨, 유연성, 평형성, 신장, 체중, 혈압 측정)	• 만성질환에 대한 이해 및 관리 교육 • 노년기 영양관리 교육 • 노년기 생활체조 프로그램 제공 • 자신의 병식에 대한 이해 교육 • 장기약물 복용에 관한 교육	• 치료 순응도 증진(투약시, 혈압조절) • 규칙적인 혈압, 혈당 측정 • 일상생활체력(어력, 유연성, 평형성 향상, 건강증진 생활양식 행위 증진 • 주관적 건강상태 향상 • 객관적 건강상태 향상
2	여성노인들의 정신적 건강을 증진한다.	1) 질병이환에 대한 불안감 감소 2) 노화에 대한 편견과 비합리적 불안감 해소 3) 노화 및 노인 질병에 관한 가족 간 이해 증진 4) 우울감 감소	• 총 4회 인지행동 및 지지적 기법을 사용한 건강 관련 집단상담 프로그램 제공 • 여성노인 부터 케어 집단 포럼단 지원봉사 연계) • 공동자내 여행 포럼단 지원봉사 연계) • 우울감 측정도구(Sheikh & Yesavage 단축형 노인우울척도)	• 인지행동 치료(노화에 대한 편견 극복, 인지재구조화를 통한 비합리적 삶의 태도 극복) • 뷰티 케어 서비스(스킨케어, 메이크업, 마사, 네일케어 제공) • 실버 레크리에이션	• 우울감 감소 • 노화에 관한 편견 해소 • 프로그램 만족도 조사 • 주관적 건강상태 향상
3	여성노인들의 건강과 관련한 사회적 지지 체계를 구축한다.	1) 건강 관련 자조 모임을 통한 지지 체계 구축 2) 응급상황 시 대처 요령 및 병원 연계 3) 지역 내 종교기관 활동 참여 및 수의 증가 4) 지역 내 노인 여가 프로그램 참여 유도	• 지역 내 노인여가복지시설 현황 및 프로그램 목록 작성 • 지역 내 건강 관련 기관 현황 및 프로그램 목록 작성 • 응급상황 시 대처요령, 응급 전화 사용법, 연계병원 목록 • 응급실 사용방과 의료인과의 대화 시 유의점에 관한 유인물	• 참가성원들의 자조 모임 결성 지원 • 보건소, 건강가족 지원센터 등 지역 사회 건강 지원팀 연계 • 응급상황 대처에 관한 교육 • 노인 여가 복지시설 프로그램 안내 • 노인과 건강전문가와의 대화법 교육	• 의사소통 횟수의 증가 • 지역 내 노인 프로그램 참여 횟수 증가 • 주관적 건강상태 향상

결과물: 통합적 건강증진 프로그램을 제공함으로써 여성노인들의 건강증진 행위를 고취하고 우울감을 감소시키며, 건강과 관련한 노인들의 사회참여를 촉진함으로써 참여 노인들의 주관적·객관적 건강상태 향상을 도모한다.

나. 통합적 노인건강증진 프로그램의 회기별 목표 및 주요 활동 개요<그림 2>

단계	회차	목표	주요 활동
초기 단계	1회	3-1) 집단참여를 통한 기대 규명 3-1) 성원 간 소개 2-4) 레크리에이션을 통한 마음 열기	* 집단프로그램의 성격과 목적 설명 * 사전검사 실시 * 노인생활체조 * 실버 레크리에이션
중기 단계	2회	1-1) 만성질환 고혈압에 대한 이해와 관리 2-2) 자연스러운 노화로 인한 신체적 변화와 병리적인 변화의 차이에 대한 이해 2-2) 노화에 대한 신체적 편견에 대한 논의와 극복 1-3) 일상생활 체력 향상	* 건강강의(만성질환관리 교육 I-고혈압) * 집단토론(노화에 따른 신체적 변화) * 노인생활체조(동그라미체조, 걷기, 숫자태극권, 스트레칭)
	3회	1-1) 만성질환 당뇨에 대한 이해와 관리 2-2) 노화로 인한 심리적인 변화에 대한 이해와 대처방안 1-3) 일상생활 체력 향상	* 건강강의(만성질환 관리교육 II-당뇨) * 집단토론(노화에 따른 심리적 변화) * 노인생활체조(동그라미체조, 걷기, 숫자태극권, 스트레칭)
	4회	1-1) 장기약물 복용에 대한 두려움 극복 및 약물에 대한 바른 이용방법 습득 2-4) 여성노인의 여성성에 대한 가치와 인식 제고 1-3) 일상생활 체력 향상	* 건강강의(만성질환 약물복용에 관한 교육) * 연지곤지프로그램-여성노인 뷰티 케어 제공 * 노인생활체조(동그라미체조, 걷기, 숫자태극권, 스트레칭)
	5회	1-2) 노년기 섭식과 영양의 중요성에 대한 이해 증진 2-3) 전통적 가족관계와 현대적 가족관계에서의 차이와 노인의 역할 이해 1-3) 일상생활 체력 향상	* 건강강의(노인과 영양) * 집단토론(노인과 가족에 대한 논의) * 노인생활체조(동그라미체조, 걷기, 숫자태극권, 스트레칭)
	6회	1-3) 노인의 신체적 특징과 적합한 운동처방에 관한 이해 3-1) 자조모임 결성 및 활성화에 대한 공감대 형성과 운영방안 모색 1-3) 일상생활 체력향상	* 건강강의(노인과 운동) * 집단토론(건강한 노년을 위한 노인들 스스로의 노력에 관한 논의, 자조모임 결성을 위한 토론) * 노인생활체조(동그라미체조, 걷기, 숫자태극권, 스트레칭)

중기 단계	7회	3-1) 4) 지역사회 노인건강 관련 시설 및 프로그램 이해증진 2-4) 여성노인의 여성성에 대한 가치와 인 식제고 1-3) 일상생활 체력향상	* 건강강의(노인과 사회I) * 연지곤지프로그램-여성노인 뷰티케 어 지원 * 노인생활체조(동그라미체조, 걷기, 숫자태극권, 스트레칭)
종결 단계	8회	3-2) 응급상황에 대한 대처 방법 및 의료 인과 대화 시 유의점 1-4) 프로그램 종결에 따른 감정에 대한 논의 및 평가의 시간 3-1) 지속적인 자조모임 활성화에 대한 논의 1-4) 사후조사 측정하기	* 건강강의(노인과 사회 II) * 프로그램 종결 및 평가 * 사후검사 실시 * 종결파티(실버 레크리에이션)

Ⅲ

연구방법 및 절차

1. 연구가설

가설 1. 통합적 건강증진 집단 프로그램을 실시한 실험집단은 실시
       하지 않은 대조집단에 비해 건강증진 생활양식에 차이가
       있을 것이다.

가설 2. 통합적 건강증진 집단프로그램을 실시한 실험집단은 실시
       하지 않은 대조집단에 비해 주관적 건강상태에 차이가 있
       을 것이다.

가설 3. 통합적 건강증진 집단프로그램을 실시한 실험집단은 실시
       하지 않은 대조집단에 비해 객관적 건강상태에 차이가 있
       을 것이다.

가설 4. 통합적 건강증진 집단프로그램을 실시한 실험집단은 실시
       하지 않은 대조집단에 비해 우울감에 차이가 있을 것이다.

2. 연구모형 및 설계

1) 연구모형

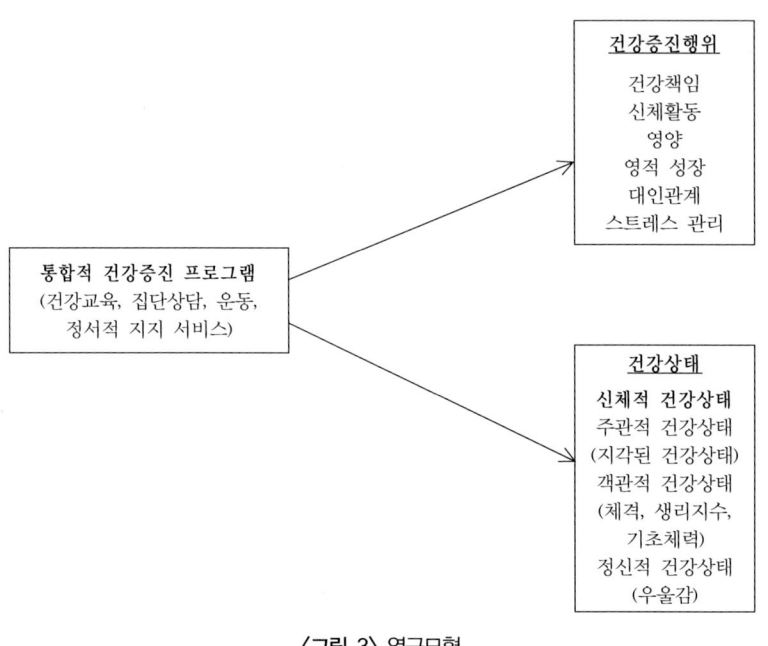

<그림 3> 연구모형

2) 연구설계

본 연구는 여성노인들의 통합적 건강증진 프로그램을 개발, 8주간 실시한 후 프로그램에 참여한 노인들의 건강증진 생활양식과 건강상태에 미치는 효과를 검증하기 위한 준실험 설계 중 통제집단 전후 비교설계를 하였다.

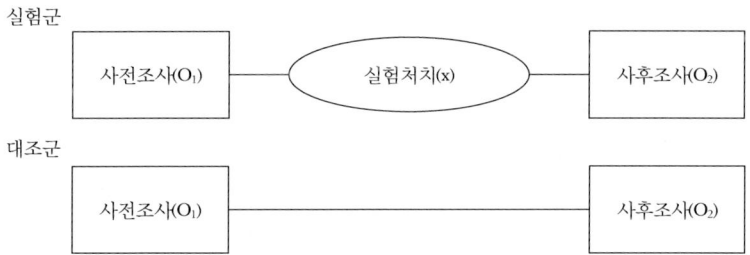

실험군

사전조사(O_1) —— 실험처치(x) —— 사후조사(O_2)

대조군

사전조사(O_1) ———————————— 사후조사(O_2)

O_1O_2 소사내용: 건강증진생활양식(건강책임, 신체활동, 영양, 영적 성장, 대인관계, 스트레스 관리)과 노인의 건
　　　　　　강상태(신체적ㆍ정신적 건강상태)
x 실험처치: 개발된 통합적 건강증진 프로그램

〈그림 4〉 연구설계

3. 연구대상 및 표집방법

1) 연구대상

　본 연구에서는 노인 여가복지시설 프로그램에 참여하고 있는 우리
나라 여성노인들 가운데 서울시 K구 교회 노인학교에 참여하고 있는
65세 이상 여성노인 59명을 연구대상으로 하였다.

　현재 노인학교에 출석하고 있는 여성노인 중 8주간의 통합적 건강
증진 프로그램을 희망한 노인들 36명을 실험집단으로, 일반 노인학교
프로그램에만 참여하며 설문조사 및 측정에 응한 32명을 대조집단으
로 하여 총 68명으로 연구를 실시하였다. 회기별 평균 참석인원은
29.8명이었으며 출석률은 84.25%, 탈락률은 8%였다. 프로그램 참여자
36명 가운데 3번 이상의 결석을 한 2명과 사후조사가 이루어지지 않
은 1명을 제외한 33명을 실험집단으로, 대조집단 32명 가운데 입원,
이사 등을 이유로 사후조사에 참여하지 못한 6명을 제외한 26명을 대

조집단으로 총 59명이 최종분석 대상이 되었다. 실험시간은 참여대상
들의 편의성에 따라 매주 수요일 오후 19명을 한 집단으로, 매주 토
요일 오전 14명을 다른 집단으로 나누어 진행하였다.

대상자들의 일반적인 특성은 다음의 <표 4>와 같다.

〈표 4〉 표본의 일반적인 특성

(N=59)

변인	구분	전체집단 N(%)	실험집단 n(%)	대조집단 n(%)
연령		평균 74세(±4.21)	평균 72.91(±3.95)	평균 75.23(±4.17)
학력	무학	12(20.8)	5(15.2)	7(26.9)
	초등졸	21(35.6)	15(45.5)	6(23.1)
	중등졸	16(27.1)	8(24.2)	8(30.8)
	고등졸	9(15.3)	5(15.2)	4(15.4)
	전문대졸 이상	1(1.7)	0(0.0)	1(3.8)
배우자유무	유배우자	42(71.2)	26(78.8)	18(69.2)
	무배우자	17(28.8)	7(21.2)	8(30.8)
가구 형태	독거노인	16(27.1)	7(21.2)	9(34.6)
	노인부부	17(28.8)	14(42.4)	3(11.5)
	노인단독+가족	16(27.1)	6(18.2)	10(38.5)
	노인부부+가족	10(16.9)	6(18.2)	4(15.4)
경제 상태	매우 어렵다	7(11.9)	1(3.0)	6(23.1)
	어렵다	12(20.3)	7(21.2)	5(19.2)
	보통이다	35(59.3)	21(63.6)	14(53.8)
	여유가 있다	5(8.5)	4(12.1)	1(3.8)
평균참석인원(출석률)			29.8명(84.25%)	
전체		59(100.0)	33(100.0)	26(100.0)

2) 표집방법

본 연구에서는 편의 표본추출 방법(convenience sampling), 혹은 이용
가능 표본추출(availability sampling)이라고 불리는 비확률 표본추출 방

법을 사용하였다. 이용 가능한 대상자에 의존하는 표본의 대표성 문제는 대단히 주의를 요하는 문제이다. 그러나 실험의 효과성을 살펴보는 본 연구의 목적상, 개입을 필요로 하는 집단구성과 대조집단 구성의 문제를 자연스럽게 해결하기 위해 연구자의 접근이 용이한 편의 표본추출 방법을 사용하게 되었다.

4. 변인의 정의와 측정

1) 건강증진생활양식(Health Promoting Lifestyle Profile)

이론적으로 건강증진 행위라 함은 생활양식의 구성요소가 되는 지속적인 활동으로 더 높은 수준의 건강을 위하여 능동적으로 환경에 반응하는 것을 의미하며, 안녕 수준뿐 아니라 자아실현, 자기성취를 증진시키기 위한 행동이다(Pender, 1987). 본 연구에서는 건강증진 생활양식 행위 정도를 측정하기 위해 Walker 등이 기존의 HPLP(The Health-Promoting Lifestyle Profile)를 수정·보완하여 개발한 HPLPII를 측정도구로 사용하였다. 리커트 식 4점 척도 52문항으로 건강책임 9문항, 신체활동 8문항, 영양 9문항, 영적 성장 9문항, 대인관계 9문항, 스트레스 관리 8문항 등 6개의 하위 영역으로 구성되어 있다. 도구개발 시 전체도구 신뢰도는 Cronbach's alpha .94이고 하위척도는 .79에서 .95이다. 우리나라에서는 윤순녕(2001), 박정숙·이혜란(2003), 박정숙(2004), 서현미·하양숙(2004)이 사용하였다. 서현미·하양숙은 원 도구 문항에서 27번과 43번을 제외하고 20번, 38번 문항과 영양문항을 우리나라의 특성에 맞게 내용을 수정하여 50문항으로 사용하였다. 본 연구에서는 서현미·하양숙의 번역척도를 참고로 하였으나 40번 문항을 노인들의 이해를 돕기 위해 수정·번역하였다. 또한 원 도구 문항에서 제외하였던 27번과 43번 등에 대하여도 우리나라 노인건강지지체계 환경의 변화를 이유로(2008년 7월 장기요양보험법 실행과 노인건강증진사업의 활성화 등) 원문에서 제외하지 않고 52문항 전체를 그대로 번역 사용하였다. 박정숙·이혜란(2003)과 박정숙(2004)의 연구에서의 Cronbach's alpha 값은 .94이었으며, 서현미·하양숙(2004)의 연구에서는 .90, 윤순녕의 연구에서는 .91이었으며 본 연구에서 Cronbach's alpha 값은 .86이었다.

2) 건강상태

(1) 신체적 건강상태

건강상태를 평가[36]한다는 것은 다차원적인 것으로 그 평가방법이 다양하나, 본 연구에서는 건강상태를 신체적·정신적 건강상태로 나누어 평가하였다. 신체적 건강상태는 주관적인 차원과 객관적인 차원의 측정을 통하여 평가하였으며,[37] 정신적 건강상태는 우울을 기준으로 평가하였다.

본 연구에서의 주관적 건강상태 측정은 5점 척도를 통한 지각된 본인의 건강상태와, 동년배 노인들과 비교한 3점 척도 2문항을 사용

---

36) 건강상태를 평가한다는 것은 일반적으로 의료적 차원, 기능적 차원, 자기 평가적 차원 등 다차원적인 형태로 측정되어질 수 있다. 신체적 건강의 의료적 차원은 질병의 부재차원에서 정의되는 잔여적 범주이며, 신체의 기능적 차원은 사회체계 내에서 개인의 역할을 효과적으로 수행할 수 있는가에 대한 능력을 평가하는 것이다. 끝으로 자기 평가적 차원은 신체적 건강에 대한 개인의 지각과 평가를 의미하는 것이다(이승미, 2002).

37) 이 두 요소는 상호 독립적이기보다는 영향을 주고받는 관계라고 볼 수 있다.

하였다(박군석 외, 2004). 박군석 외의 연구 "한국 노인의 신체건강과 주관안녕에 영향을 미치는 요인들"에서 사용한 척도의 신뢰도 계수는 Cronbach's alpha .737이었으며, 본 연구에서 Cronbach's alpha 값은 .720이었다.

객관적인 건강상태는 체격요인 및 생리지수 그리고 기초체력을 측정하여 평가하였다. 체격요인으로는 대상자들의 신장과 몸무게를 측정하였으며, 생리지수 요인으로는 체지방량과 체지방률 계측, 그리고 수축기 및 이완기혈압을 측정하였다. 체력 평가[38]는 노년기에 필요한 건강 체력 요소 중 기초 체력을 평가하였다. 노인 여가복지 시설에서 측정이 용이하며, 노인건강의 필수적 기초체력 요인인 근력과 유연성, 평형성을 다음과 같은 방법으로 측정하였다. 유연성은 서서 윗몸 앞으로 굽히기(stand and reach)로 양 무릎을 쭉 펴고 서서 허리를 굽혀 양손을 밑으로 쭉 뻗어 체전굴계에 기록된 거리를 계측하였다. 악력(grip strength)은 악력계를 오른손(왼손잡이의 경우 왼손)에 쥐고 2회 측정하여 높은 값을 기록하였다. 평형성은 눈뜨고 외발서기(one leg balance with eyes open)로 측정하였는데, 자연스럽게 선 상태에서 양팔을 벌리고 임의로 한쪽 발을 들어 균형을 유지하도록 지시하고, 시작과 함께 균형을 유지한 시간을 기록하였다. 이때 지지하는 발이 움직이거나 허리에 붙인 손이 떨어진 시점에서 균형을 잃은 것으로 간주하였다. 객관적 건강상태를 측정하기 위해 사용한 측정도구를 정리하면 다음의 <표 5>와 같다.

---

38) 체력평가 요소는 크게 건강 체력 요소와 운동기능 체력 요소로 나누어 볼 수 있다. 건강 체력은 건강과 직접적인 관계가 있는 체력으로서 각종 질환의 발병률 감소나 일상생활 효율성 향상 등 건강한 상태 유지에 기여할 수 있는 요소를 측정하는 것이며, 운동기능체력요소는 스포츠나 운동경기에 유용한 체력 요소를 말한다(최태훈 · 권오일, 2009).

<표 5> 객관적 건강상태 측정도구

구분	측정항목	측정단위	실험도구명	제조국	제조사
체격	신장	cm	신장측정기	Korea	상화계기제작소
요인	체중	kg	BIA-520	Korea	Jawon Medical Co., LTD
생리 지수	수축기 혈압	mmHg	HEM-1000	China	Omnon Dakuan Co., LTD
	이완기 혈압	mmHg			
	체지방(BMI)		BIA-520	Korea	Jawon Medical Co., LTD
	체지방률	%			
기초 체력	유연성(stand and reach)	cm	Flexion-D	Japan	Takei Sci. Ins. Co., LTD
	악력(grip strength)	kg	Grip-D	Japan	Takei Sci. Ins. Co., LTD
	평형성(one leg balance with eyes open)	초	BALANCE DW-721	Korea	대우스포츠산업

(2) 정신적 건강상태-우울(Geriatric Depression Scale: short form, 노인성 우울 단축형)

이론적으로 우울이란 부정적 정서 상태로 삶에서 실망의 결과로 나타난 슬픔, 낙담, 절망과 같은 느낌을 말하는 기분장애의 한 분류이다(이병윤, 1997). 우울은 노인의 심리적 적응을 나타내는 중요한 변수로서 여러 증상, 유전적 취약성, 환경적 촉진인자, 치료에 대한 반응 등으로 이루어진 질병 스펙트럼을 포함하는 증후군으로 정상적인 기분변화로부터 병적인 기분상태까지의 연속선상에 있다(손덕순, 2005). 본 연구에서는 Sheikh & Yesavage(1986)의 Geriatric Depression Scale(GDS)-short form 노인 우울 측정도구를 사용하였다. 개발 시 30문항이며 신뢰도는 .94이었다. 이후 15문항으로 축소되었고, 신뢰도는 .94이며, 30문항과의 상관계수는 .84로 나타났다.

15문항의 short form을 이분척도(1=예, 0=아니요)로 응답하며 요인 1(정서적 불편감), 요인 2(부정적 생각과 불행한 느낌), 요인 3(신체적 허약함과 활력 감소), 요인 4(인지기능장애), 요인 5(사회적 관심과 활동 저하) 등 5개 요인으로 구성되었다. 0~4점은 정상, 5~9점은 경증 우울, 10~15점은 중등도 혹은 중증 우울로 판정한다.

3) 건강증진 생활양식과 우울 문항 신뢰도

측정 시 사용한 설문의 신뢰도 계수를 살펴보면 다음과 같다.

〈표 6〉 건강증진생활양식, 우울 문항 신뢰도

설문내용	문항 수	Cronbach α
건강증진생활양식	52	.905
건강책임	9	.767
신체활동	8	.767
영양	9	.647
영적성장	9	.781
대인관계	9	.658
스트레스관리	8	.542
우울	15	.745

5. 자료처리 및 분석

본 연구의 결과를 처리하기 위해 SPSS와 G*power 3.0 프로그램을 통한 양적 평가를 실시하였으며, 그로 인한 한계점을 보충하기 위해 과정평가를 병행하였다.

첫째, 연구대상자의 일반적 특성과 건강생활 양식, 그리고 신체적·정신적 건강 상태를 살펴보기 위해 기술통계와 빈도분석을 실시하였다.

둘째, 통합적 건강증진 프로그램의 효과성 평가를 위해 실험집단과 대조집단의 사전 사후 건강증진 생활양식 및 신체적·정신적 건강상태의 차이검증을 위해 Dependent t-test와 Paired t-test를 실시하였다.

셋째, G*power 프로그램을 이용하여 효과크기와 검증력 계산을 실시하였다.

아래의 그림은 G*power 3.0 프로그램으로 산출한 건강증진생활 양식 사전사후 t-test 그래프 및 효과크기와 검증력 산출의 예시이다.

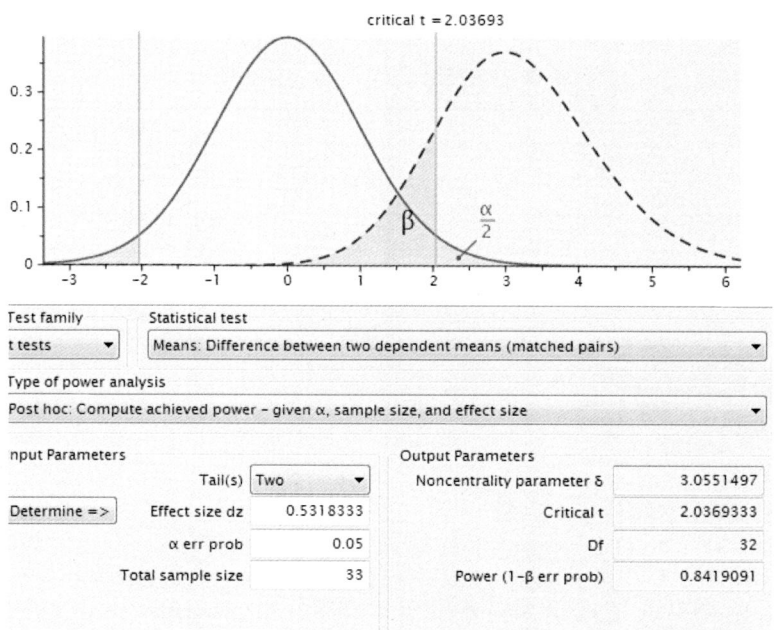

〈그림 5〉 G*power를 이용한 건강증진 생활양식의 효과크기 및 검증력

넷째, 양적 검증을 통한 효과분석의 한계를 보완하기 위해 프로그램 과정평가를 실시하였다.

다섯째, 가설검증을 위한 통계적 유의수준은 p<.05로 설정하였다.

IV

연구결과 및 해석

1. 대상자의 건강 관련 특성

　대상자의 건강 관련 특성은 건강증진생활양식 정도와 주관적·객관적 건강상태 그리고 우울정도로 나누어 살펴보았다. 먼저 대상자의 건강증진 생활양식 정도는 건강책임, 신체활동, 영양, 영적 성장, 대인관계 및 스트레스 등 6개 하위영역 나누어 살펴보았는데 그 내용은 다음과 같다. 우선 건강책임 영역에서 최솟값은 11.0이고, 최댓값은 36.0이며, 평균점수는 21.76, 그리고 표준편차는 5.81로 나타났다. 신체활동 영역에서는 최솟값이 9.0, 최댓값은 30.0이며, 평균은 17.22이고, 표준편차는 5.24이다. 영양 영역에서는 최솟값이 11.0이고, 최댓값은 35.0, 평균값은 24.13이며, 표준편차는 5.01이었다. 영적 성장 영역의 최솟값은 11.0, 최댓값은 35.0이고, 평균값은 23.71이었으며, 대인관계 영역에서는 최솟값이 16.0, 최댓값은 40.0, 그리고 평균값은 27.13으로 6개 영역 중 가장 높은 평균값을 보였다. 스트레스 영역에서는 최솟값이 14.0, 최댓값이 32.0, 평균이 23.44였으며, 가장 낮은 3.88의 표준편차 값을 나타내었다.

<표 7> 대상자의 건강증진생활양식 정도

(N=59)

특성	구분	최솟값	최댓값	Mean	SD
건강증진 행위	건강책임	11.0	36.0	21.76	5.81
	신체활동	9.0	30.0	17.22	5.24
	영양	11.0	35.0	24.13	5.01
	영적 성장	11.0	35.0	23.71	5.95
	대인관계	16.0	40.0	27.13	5.35
	스트레스	14.0	32.0	23.44	3.88

대상자들의 주관적 건강상태 정도를 살펴보면 건강하다는 응답이 9명(15.3%), 보통이 19명(32.2%), 건강하지 못하다가 21명(35.6%)으로 가장 높은 응답률을 보였다. 매우 건강하지 못하다는 응답은 10명(16.9%)이었는데, 이는 2008년도 전국노인생활실태 조사보고서에 나타난 전국 여성노인 13.6%가 매우 건강하지 않다, 50.4%가 건강하지 않은 편이라는 응답과 비교할 때 약 8% 정도 낮은 응답 차이를 보임으로써 대상자들의 주관적 건강상태가 전국 규모의 여성노인들과 큰 차이를 보이고 있지는 않으나 약간 더 건강한 편이라고 말할 수 있다.

동년배와 비교한 건강상태에서도 더 건강하다는 응답자는 13명(22%), 비슷하다가 25명(42.4%), 덜 건강하다가 21명(35.6%)으로 전국 여성노인들과 비교하여 더 건강하다는 응답은 22%로 동일한 비율을 나타내나 덜 건강하다는 응답자가 전국 여성노인 58.5%에 비해 약 23% 정도 낮은 것으로 보아 현재 노인학교에 다니며 건강에 관심을 보이고 있는 대상노인들의 주관적 건강이 우리나라 일반 여성노인들과 비교하여 약간 양호한 것임을 알 수 있었다.

<표 8> 대상자의 주관적 건강상태 정도

(N=59)

특성	범주	N	%
현재의 건강상태	건강하다	9	15.3
	보통이다	19	32.2
	건강하지 못하다	21	35.6
	매우 건강하지 못하다	10	16.9
동년배에 비한 본인건강	더 건강하다	13	22.0
	비슷하다	25	42.4
	덜 건강하다	21	35.6

대상자의 객관적 건강상태의 정도는 체격과 생리지수 그리고 기초체력으로 살펴보았다. 우선 체격을 보면 대상자 59명의 평균 신장은 151.32(±4.01)cm였으며 체중은 58.28(±8.86)kg이었다. 대상자들의 생리지수를 살펴보면 평균 체지방이 25.40kg, 체지방률은 43.72%였다. 수축기 혈압은 평균139.91(±17.41)mmHg, 이완기 혈압은 73.10(±10.12)mmHg이었다. 기초체력을 요인별로 살펴보면 유연성의 평균값은 7.798(±6.93)cm였고, 악력은 19.541(±5.1)kg이었다. 평형성은 10.44(±13.04)초였다.

<표 9> 대상자의 객관적 건강상태 정도

(N=59)

특성	변수	최솟값	최댓값	Mean	SD
체격	키(cm)	144	160	151.32	4.01
	체중(kg)	42.2	78.3	58.28	8.86
생리지수	체지방(kg)	18.2	34.5	25.40	3.68
	체지방률(%)	39.1	48.2	43.72	2.28
	수축기혈압(mmHg)	103.0	188.0	139.91	17.41
	이완기혈압(mmHg)	53.0	96.0	73.10	10.12
기초체력 요인	유연성(cm)	-7.7	28.0	7.79	6.93
	악력(kg)	8.5	29.7	19.54	5.10
	평형성(초)	1.0	73.0	10.44	13.04

대상자의 우울상태를 살펴보면 최솟값 1.0부터 최대 14.0의 응답이 있었으며 평균값은 6.72(sd±3.32)로 전반적으로 경증 우울에 해당한다고 할 수 있다.

〈표 10〉 대상자의 우울정도

(N=59)

특성	구분	최솟값	최댓값	Mean	SD
우울		1.0	14.0	6.72	3.32

2. 대상자의 건강 관련 특성에 따른 동질성 검증

가설 검증에 앞서 실험집단과 대조집단의 동질성 확보를 위한 등분산 검증을 실시하였다. 우선 건강생활양식에 관한 두 집단 간 점수를 살펴보면 실험집단 33명의 평균 점수는 137.18(±20.17)이며 대조집단의 평균점수는 137.69(±27.59)로 거의 비슷한 점수를 나타내었으며 p값 .93으로 동질성을 확보하였다. 이를 하위영역별로 살펴보면 신체활동과 대인관계, 스트레스 관리 영역에서는 차이를 보이지 않았으며 건강책임과 영양 영역에서는 집단 간 차이는 있으나 통계적으로 동질성이 기각되지는 않았다. 그러나 영적 성장 영역에서는 실험집단과 대조집단의 동질성이 기각되어 차후 연구에서는 이 영역을 제외하고 분석을 실시하였다.

<表 11> 건강증진생활 양식에 관한 동질성 검증

	실험집단(n=33)	대조집단(n=26)	t	p
	M(SD)	M(SD)		
건강생활양식	137.18(20.17)	137.69(27.59)	-.082	.935
건강책임	20.45(5.69)	23.42(5.64)	.220	.051
신체활동	17.18(4.94)	17.26(5.69)	-1.896	.950
영양	23.06(4.35)	25.5(5.53)	-1.997	.063
영적 성장	25.51(4.83)	21.42(6.52)	-.063	0.008
대인관계	27.27(4.84)	26.96(6.02)	.568	.827
스트레스 관리	23.69(3.48)	23.11(4.38)	2.767	.572

두 집단 간 신체적 건강상태와 정신적 건강상태의 동질성은 주관적·객관적 건강상태와 우울로 살펴보았다. 주관적 건강상태에서 실험집단의 지각된 건강상태는 3.48(±.972), 대조집단은 3.62(±.941)로 통계적으로 유의한 차이를 보이지 않았다. 다른 노인과 비교한 건강상태에서도 실험집단 2.06(±.747), 대조집단 2.23(±.765)으로 약간의 차이는 있었으나 통계적으로 유의한 차이는 보이지 않았다. 객관적 건강상태에서 체격 및 생리지수의 동질성은 확보되었으나, 기초체력 가운데 악력 요소에서 실험집단 20.86(±0.80)kg, 대조집단 17.865(±1.03)kg으로 통계적으로 유의한 차이를 나타냄으로써 악력 부분은 차후 분석에서 제외하고자 한다. 집단 간 우울점수에서는 실험집단이 평균 6.51(±3.11)점, 대조집단이 7.0(±3.61)점으로 통계적으로 유의한 차이를 보이지 않아 집단 간 동질성이 확보되었다.

<표 12> 주관적·객관적 건강상태 및 우울에 관한 동질성 검증

	실험집단(n=33) M(SD)	대조집단(n=26) M(SD)	t	p
지각된 건강상태	3.48(.972)	3.62(.941)	-.519	.606
다른 노인과 비교한 건강상태	2.06(.747)	2.23(.765)	-.859	.394
체격 및 생리지수				
키(cm)	152.03(4.35)	150.42(3.39)	1.546	.128
체중(kg)	57.92(1.529)	58.74(1.788)	-.350	.728
체지방(kg)	25.024(.613)	25.892(.761)	-.898	.373
체지방율(%)	43.38(.4324)	44.15(.384)	-1.287	.203
수축기 혈압(mmHg)	137.45(3.269)	144.03(2.999)	-1.228	.224
이완기 혈압(mmHg)	70.99(1.791)	75.84(1.845)	-1.888	.064
기초 체력				
유연성(cm)	8.83(1.198)	6.488(1.356)	1.294	.201
악력(kg)	20.86(0.805)	17.865(1.033)	2.323	.024
평형성(초)	11.33(2.579)	9.308(10.54)	.589	.558
우울	6.51(3.11)	7.00(3.61)	-.553	.582

3. 가설검증

1) 제1가설

통합적 건강증진프로그램을 실시한 실험집단과 실시하지 않은 대조 집단과는 건강증진생활양식 점수에 차이가 있을 것이다.

제1가설의 검증을 위해 먼저 실험집단과 대조집단의 통합적 건강증진 프로그램 실행 전·후 건강증진생활양식의 차이를 paired t-test로 분석하였다. 실험집단은 프로그램 참여 전 건강행위 점수가 평균 137.18점이었으나 실험 후 144.36으로 7.18점 증가한 반면, 대조집단에서는 통합적 건강증진 프로그램 참여 전 건강행위 점수 평균 134.84점이 사후 평균 133.80점으로 평균 1.04점 감소함으로써 실험집단과 대조집단의 프로그램 사전·사후 건강행위에 차이가 있을 것이라는 가설은 지지되었다(t=-3.05, p=0.005). 효과크기에 대한 G*power 프로그램 분석 결과 0.531의 중간 정도 효과크기를 나타내었으며 0.841의 비교적 높은 검증력을 나타내었다.

　<표 11>에 나타난 바와 같이 건강증진생활양식(HPLP)의 6개 하위영역 중 동질성 검증에서 기각되지 않은 5개 하위영역 가운데 건강책임, 신체활동, 영양 영역에서 통계적으로 유의한 차이를 보였다. 건강책임 영역에서는 실험집단이 사전 평균 20.45점에서 사후 평균 23.42점으로 2.97점 증가(t=-3.49, p=0.001)하였으나, 대조집단은 사전 22.84점에서 사후 22.80(t=.44 p=.66)으로 유의한 변화를 보이지 않아 실험집단과 대조집단 간의 사전·사후 차이가 유의하게 나타났다. 신체활동 영역에서는 실험집단 사전 평균이 17.18점에서 사후 17.26점으로 0.08점이 증가하였고(t=-3.19, p=0.001), 영양 영역에서는 실험집단 사전 평균점수 23.06이 사후 25.5점으로 증가하여(t=-3.74, p=0.001) 통계적으로 유의한 차이를 보였다. 그러나 나머지 대인관계(t=2.01, p=.053)와 스트레스 영역(t=-2.031, p=.051)에서는 통계적으로 유의하지 않은 결과를 보였다. 그러나 대인관계와 스트레스 관리 영역의 효과 크기와 검증력 점수를 고려해 볼 때(대인관계 효과크기 0.35, 검증력 0.49, 스트레스 관리 효과크기 0.35, 검증력 0.50) 긍정적 영향을 미친 것으로 분석해도 무방할 듯하다.

변인	집단	사전 0.00M(SD)	사후 0.00M(SD)	t	p	효과 크기	0.00검 증력
건강증진생 활양식(HPLP)	실험집단(n=33)	137.18(3.512)	144.36(22.27)	-3.056	.005	0.531	0.841
	대조집단(n=26)	134.84(26.93)	133.80(30.60)	.255	.801		
건강책임	실험집단(n=33)	20.45(5.69)	23.42(5.64)	-3.490	.001	0.608	0.923
	대조집단(n=26)	22.84(5.99)	22.80(5.82)	.440	.664		
신체활동	실험집단(n=33)	17.18(4.94)	19.30(5.71)	-3.195	.003	0.555	0.871
	대조집단(n=26)	17.26(5.69)	17.69(5.93)	-.513	.613		
영양	실험집단(n=33)	23.06(4.35)	25.5(5.53)	-3.740	.001	0.650	0.951
	대조집단(n=26)	24.19(6.28)	24.26(6.34)	-1.443	.161		
대인관계	실험집단(n=33)	27.27(4.84)	26.96(6.02)	2.012	.053	0.349	0.496
	대조집단(n=26)	25.07(5.29)	24.69(5.19)	1.333	.195		
스트레스 관리	실험집단(n=33)	23.69(3.48)	23.11(4.38)	-2.031	.051	0.353	0.504
	대조집단(n=26)	23.11(4.38)	21.84(5.28)	1.494	.148		

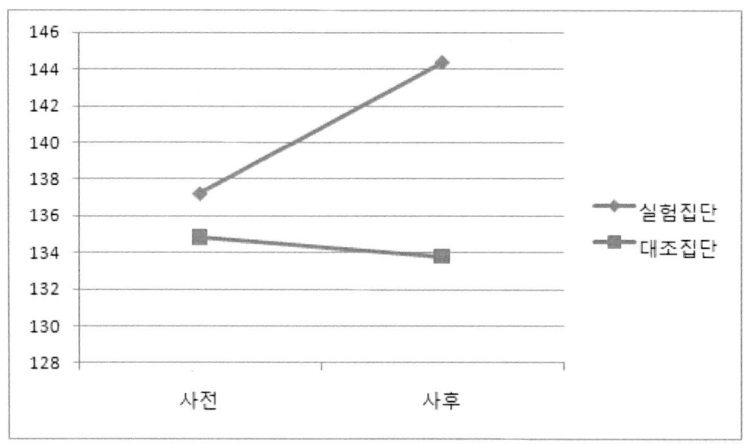

〈그림 6〉 건강증진 생활양식 사전·사후 변화

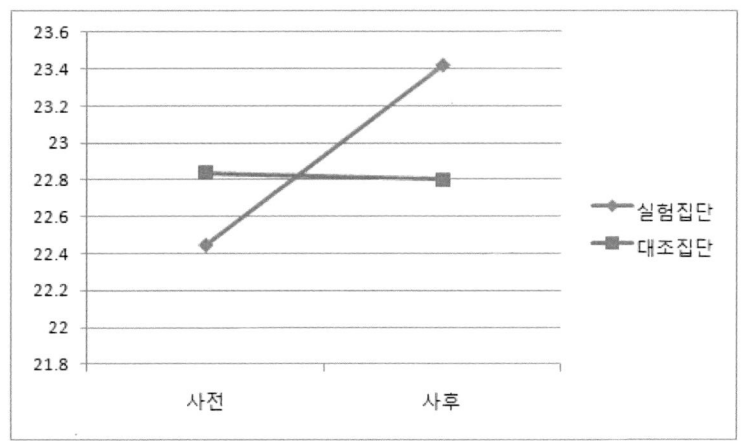

〈그림 7〉 건강책임 사전·사후 변화

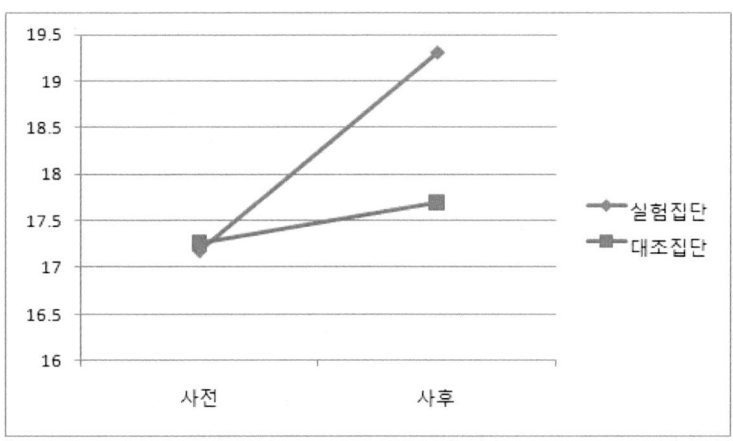

〈그림 8〉 신체활동 사전·사후 변화

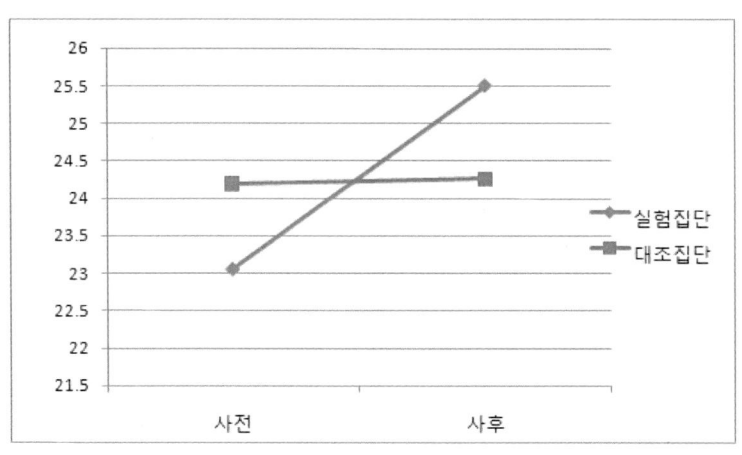

〈그림 9〉 영양 사전·사후 변화

2) 제2가설

통합적 건강증진 집단프로그램을 실시한 실험집단은 실시하지 않은 대조집단에 비해 주관적 건강상태에 차이가 있을 것이다.

통합적 건강증진 집단 프로그램을 실시한 실험집단이 실시하지 않은 대조집단에 비해 주관적 건강상태에 차이가 있을 것이라는 제2가설은 부분적으로 지지되었다. 대상자들의 주관적 건강상태는 현재 본인의 건강상태 5점 척도와 동년배와 비교한 3점 척도로 질문했다. 현재 본인의 건강상태를 묻는 5점 척도 질문에 대하여 실험집단은 사전 점수 3.48이 프로그램 후 3.03으로 낮아짐으로써(t=3.46, p=.022), 통계적으로 유의한 차이를 가져왔으며, 0.59의 중간 정도 효과크기와 0.91의 높은 검증력을 나타내었다. 그러나 동년배와 비교한 본인의 건강상태 부분에서는 차이를 보이지 않았고 효과크기도 0.14 정도를 나타냄으로써 실험이 주관적 건강상태에 차이를 나타낼 것이라는 제2가설은 부분적으로 지지되었다.

〈표 14〉 실험집단과 대조집단의 주관적 건강상태 t-test

변인	집단	사전 M(SD)	사후 M(SD)	t	p	효과 크기	검증력
현재 본인의 건강상태	실험집단(n=33)	3.48(.97)	3.03(1.01)	3.46	.022	0.59	0.91
	대조집단(n=26)	3.62(.94)	3.69(.83)	-.440	.664		
동년배와 비교한 본인의 건강	실험집단(n=33)	2.06(.74)	1.97(.77)	.828	.414	0.14	0.12
	대조집단(n=26)	2.23(.76)	2.08(2.64)	1.00	.327		

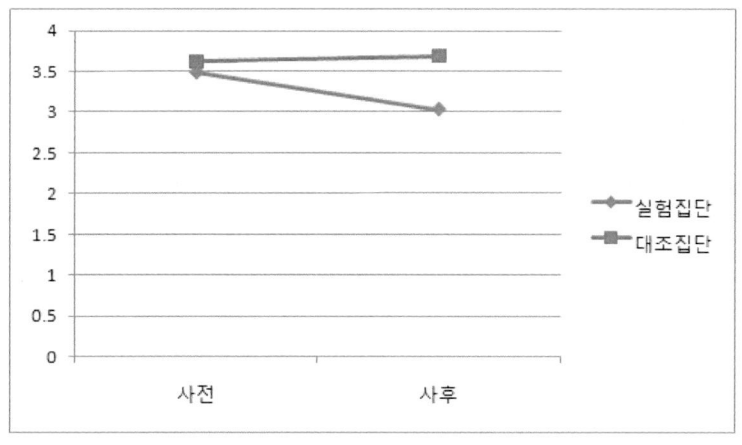

〈그림 10〉 현재 본인의 건강상태 사전 · 사후 변화

3) 제3가설

통합적 건강증진 집단프로그램을 실시한 실험집단은 실시하지 않

은 대조집단에 비해 객관적 건강상태에 차이가 있을 것이다.

통합적 건강증진 집단프로그램을 실시한 실험집단은 실시하지 않은 대조집단에 비해 객관적 건강상태에 차이가 있을 것이라는 제3가설은 지지되지 못하였다. 수축·이완기 혈압 및 체지방률 등 실험 전후 차이를 보인 생리지수 요인 가운데 수축기 혈압 부분에서만(t=2.48, p=.02) 통계적으로 유의한 차이가 있었으며, 유연성과 평형성 등으로 살펴본 기초체력과 다른 생리지수 요인에서는 모두 통계적으로 유의한 차이를 보이지 않음으로써 제3가설은 지지되지 못했다.

〈표 15〉 실험집단과 대조집단의 객관적 건강상태 t-test

특성	변인	집단	사전 M(SD)	사후 M(SD)	t	p
생리 지수	수축기혈압	실험집단(n=33)	137.45(18.78)	130.75(16.38)	2.48	.02
		대조집단(n=26)	143.03(15.29)	75.84(9.40)	-1.09	.28
	이완기혈압	실험집단(n=33)	70.934(10.28)	67.63(9.70)	1.86	.07
		대조집단(n=26)	75.84(9.40)	76.23(11.86)	-.14	.88
	체지방률	실험집단(n=33)	43.388(2.48)	41.282(6.74)	1.67	.10
		대조집단(n=26)	44.15(1.96)	41.75(8.60)	1.50	.14
기초 체력	유연성	실험집단(n=33)	8.83(6.88)	10.74(7.70)	-1.42	.16
		대조집단(n=26)	6.48(6.91)	6.619(6.97)	-.18	.85
	평형성	실험집단(n=33)	11.33(14.81)	16.42(19.48)	-1.66	.10
		대조집단(n=26)	9.308(10.54)	11.34(15.78)	-1.52	.14

4) 제4가설

통합적 건강증진 집단프로그램을 실시한 실험집단은 실시하지 않은 대조집단에 비해 우울감에 차이가 있을 것이다.

통합적 건강증진 집단프로그램의 실험집단이 대조집단에 비해 우울감에서 차이가 있을 것이라는 제4가설은 지지되었다. 실험집단의 사전 점수는 15점 만점에 6.51점이었으나 사후 5.27점으로 감소함으로써(t=2.53, p=.016) 통계적으로 유의한 결과를 나타내었다. 0.44의 중간 정도 효과크기를 보였으며 0.69 정도의 검증력을 나타내었다.

〈표 16〉 실험집단과 대조집단의 사후 우울 비교 t-test

변인	집단	사전	사후	t	p	효과크기	검증력
		M(SD)	M(SD)				
우울감	실험집단(n=33)	6.51(3.11)	5.27(2.96)	2.53	.016	0.44	0.69
	대조집단(n=26)	7.00(3.61)	6.42(3.67)	1.02	.313		

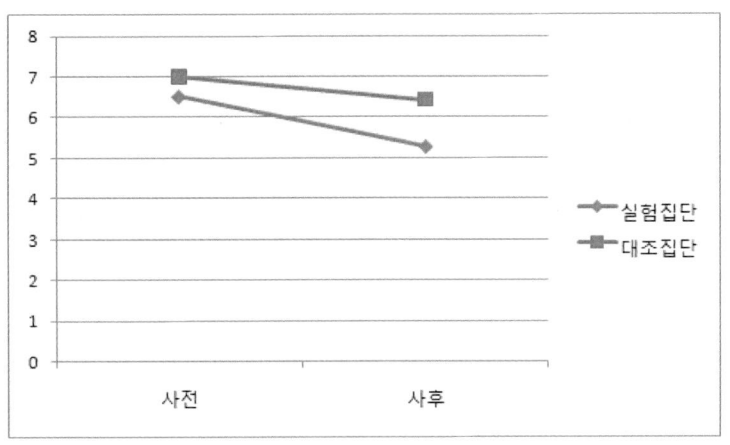

〈그림 11〉 우울 사전·사후 변화

결과적으로 통합적 건강증진 프로그램을 통해 노인들의 건강증진 생활양식에 차이가 있을 것이라는 제1가설과 노인들의 우울감에 차이가 있을 것이라는 제4가설은 지지되었으며, 주관적 건강상태에 차이가 있을 것이라는 제2가설은 부분적으로 지지되었고, 생리지수 및 체력 등 객관적 건강상태에 차이가 있을 것이라는 제3가설은 지지되지 않았다.

4. 개별 집단성원의 과정평가

1) 건강증진 생활양식의 변화

프로그램 실행 후 참여자들은 일상생활 속에서 건강증진과 관련한 생활에 변화가 생겼다고 응답하였다. 연구에 의하면 우리나라 노인들의 건강행위는 가끔에서 자주 정도의 수행도를 나타내고 있다(구미옥 외, 2003; 김춘길·성명숙, 2002). 이는 우리나라 청년·중년기 성인이나 미국 노인에 비해 낮은 수행 빈도로서 우리나라 노인들이 건강행위 수행증진이 필요함을 반영하고 있다(구미옥 외, 2008). 그러나 다른 연구에서는 우리나라 노인들의 건강의식이 타 집단에 비해 더 높고 건강행위를 잘 이행할 뿐 아니라 건강에 대해 자발적으로 어떤 중재를 하려는 잠재성이 높은 집단이라고 주장하기도 한다(김희자, 1994; 신두만, 2005). 노인들의 건강증진 행위와 관련한 다른 연구에서는 노인들의 건강행위가 건강과 관련하여 삶의 질에 직접적인 영향을 미치지는 않으며, 다만 일상생활 수행능력에 영향을 미치고, 일상생활 수행능력이 노인의 건강과 관련한 삶의 질에 가장 큰 영향요인으로 작용함으로써 그 중요성이 강조된다고 하였다(김정연, 2009). 그러나 이같이 다양한 연구결과에도 불구하고 노인들의 건강증진 생활양식의 변화는 그들의 건강상태에 긍정적 영향을 미치는 것으로 기대되고 있으며, 그러한 효과를 목적으로 본 프로그램을 포함한 여러 건강증진 프로그램들이 시행되고 있다.

다음은 통합적 노인건강증진 프로그램 실행 과정 중 중간회기와 종결 시 2회에 걸쳐 진행된 개인 인터뷰 내용 속에 나타난 성원들의 일상생활 변화과정을 건강증진 생활양식 하위영역별로 분석 정리한 내용이다. 이 같은 과정평가를 통해 양적 분석 방법으로 부족할 수 있는 프로그램의 효과성 평가를 보완하고자 한다.

(1) 건강책임

이제까지 노인여가복지시설에서 실시해 왔던 강의 중심의 대집단 노인건강증진 교육 프로그램은 일반 노인들뿐만 아니라, 특히 저학력의 특성을 갖고 있는 현재 여성노인들에게 건강 관련 지식과 정보를 전달하는 효과성에 한계가 있을 수밖에 없다. 그러나 소집단 형식으로 진행된 본 프로그램에서는 건강 관련 지식과 정보들을 개인적으로 전달받을 수 있고, 질의응답을 통한 강사나 성원 간의 즉각적인 피드백이 가능한 구조여서 교육의 효과성과 만족도를 높일 수 있었다. 특히 노인들의 자발적 참여 유도를 통해 프로그램 실행 후 본인들의 건강에 대한 책임성을 높이는 계기가 되었다.

> "혈압, 당뇨 공부하면서 막연한 게 아니라 확실하고 정확한 지식을 얻게 되었어요. 이번 공부하는 것을 계기로 건강을 체크하게 되는 계기도 되고."
>
> (참여노인 13)

> "인슐린 주사로 당조절을 하고 있는데 이번에 발관리 같은 그런 당뇨 관리하는 법을 자세히 배워서 도움이 되었어요."
>
> (참여노인 16)

"건강 강의를 듣고 상식이 생기니까 건강에 신경을 더 쓰게 되더라니까."

(참여노인 32)

"강의를 들으며 건강에 유용한 정보를 많이 알게 되었어."

(참여노인 27)

"노인들이 건강관리를 어떻게 해야 하는지 구체적으로 배울 수 있어서 생활에 도움이 되었어요."

(참여노인 14)

"아리송하고 막연하게만 알고 있던 정보들을 확실하게 알게 되어서 건강을 관리하는 데 도움이 되었는데, 더 지속적으로 해야겠다는 생각이 드네."

(참여노인 15)

(2) 신체활동

프로그램에 참여한 노인들은 운동 프로그램을 가장 선호하였다. 본 프로그램 외에 다른 운동 프로그램에 참여기회가 있었던 노인들은 20% 미만으로 거의 대부분이 운동 프로그램 참여경험이 없었다. 특히 여성노인들은 평상시 운동의 필요성을 느끼면서도 시간, 장소, 프로그램의 부재 등 여러 제약요건 등으로 참여할 기회가 주어지지 않았다. 그러므로 본 프로그램 내 실버체조 시간은 매우 유용한 운동 참여의 기회를 제공했다. 특히 숫자체조 등 집에서 쉽게 따라 할 수 있는 동작 등을 과제로 내주고 수행 여부를 점검하는 형식으로 진행되어 운동을 생활화하도록 독려하였으며, 일부 노인들의 경우에는 매우 적극적인 참여의지를 보였다. 참여노인들은 다른 성원들과 함께 운동을 할 수 있는 장이 주어졌다는 점과 그로 인해 생활이 즐거워져 만족스럽다고 응답하였다.

"운동이 필요한 것은 알지만 따로 할 기회가 별로 없었는데 이렇게 운동할 기회를 주어서 좋지."

(참여노인 4)

"집에서는 혼자 있으니까 운동하기가 힘든데, 힘들어도 여기 오면 억지로라도 하게 되니까 기분도 좋고 몸도 좋고 그렇지."

(참여노인 32)

"운동을 하면서 마음이 기뻤고, 집에 가서도 체조를 하면서 운동하는 기회가 되었지."

(참여노인 17)

(3) 영양

식습관은 성인들의 생활양식 가운데서도 쉽게 변화하기 어려운 특성이 있다. 노인들은 오랜 기간 익숙해진 식습관으로 인해 건강에 좋지 않은 생활양식임을 알면서도 변화에 어려움을 갖고 있는데, 프로그램에 참여한 일부 노인들은 건강에 도움을 주는 식생활 행태로의 변화를 위해 노력을 기울였다. 다음에 밝힌 저염식의 노력 이외에도 견과류나 유지방 식품을 섭취하기 위해 노력한다는 의견들도 있었다.

"강의를 듣고 나서 식탁 위에 있었던 소금, 후추병을 처음 치웠어. 항암치료 받고 나서 몸이 많이 안 좋았는데 평생 짭짤한 것만 먹어 버릇해서 안 좋다고 해도 계속 그랬거든. 그런데 이번에 이렇게 하면 안 되지 맘먹고 치워버렸다니까."

(참여노인 8)

(4) 대인관계

인간의 건강과 안녕에 있어서 사회적 관계의 중요성은 더욱 커지고 있다. 건강과 관련한 사회적 관계에 관한 연구의 주요 개념으로는 사회적 연결망(social network)과 사회적 지지(social support)가 있다. 사회적 지지의 양과 질 그리고 형태와 원천은 사회적 관계망(social network)의 특성과 사회적 관계(social relationships)의 양과 방식에 따라 영향을 받는다. 이러한 사회적 지지의 영역(the domain of social support)은 스트레스와 건강에 직접적인 영향을 주기도 하고 스트레스가 건강에 미치는 요인에 완충 혹은 매개역할로 작용하여 영향을 미치기도 한다(Beverly et al., 1994; House & Kahn, 1985). 그러므로 생의 주기적 특성상 사회적 연결망이 줄 수밖에 없는 노인들에게 건강에 영향을 주는 긍정적인 사회 연결망으로서의 사회적 지지는 노인들의 건강연구에 중요한 요소가 된다(Dugan et al., 1994).

대인관계의 영향은 다른 사람의 태도, 신념, 행위를 인지하는 것을 의미한다(박영임 외, 2006). 그러므로 사회적 지지를 인간의 욕구를 충족하기 위해 제공되는 다양한 원조 및 관계와 이에 대한 인식(노병일·모선희, 2007), 즉 다른 사람으로부터 받는 보살핌, 존중 및 도움을 말하는 것으로 볼 때, 고령화 사회로의 변화라는 새로운 구조 속에서 무배우의 노년을 길게 보내야 하는 여성노인들의 건강증진 모색 측면에서 사회적 지지 형성유무는 매우 중요한 요소가 아닐 수 없다.[39]

> "내 몸 힘든 것만 생각하면서 살았었는데 다른 사람들 얘기를 들으면서 그동안 생각하지 못했던 것들 생각도 하게 되고 그랬지."
>
> (참여노인 1)

---

[39] 사회복지 분야 이외의 분야에서도 노인건강과 관련한 사회적 지지의 중요성은 크게 강조되고 있다. 그리하여 보건분야에서도 사회적 지지의 중요성을 자각하고 개인, 가족 집단, 지역사회 수준에서 계획 될 수 있도록 사회복지분야 혹은 외국건강증진 사업에서 시행된 프로그램 등을 참조하여 노인건강증진 사업에 적극 도입되어야 함이 논의되고 있다(김혜경, 2002).

"노인들 모임을 이렇게 갖게 해주는 것 자체가 고맙고 좋지. 만나서 모이면 얘기도 하고 장난도 하고 젊은 시절에 또래들 모이는 것 같아 기분이 좋아요."

(참여노인 2)

"나이가 많은데 모임에 끼워준 것 같아 고맙지. 여기 와서 사람들 만나 같이 움직이면 기분이 풀리잖아요."

(참여노인 12)

"친구들을 만나서 좋고 또 온다는 것 자체가 좋지요."

(참여노인 30)

"사람들하고 이야기하고 모르는 것을 알게 돼서 좋아요. 사람들 만나는 게 좋은 거지……."

(참여노인 28)

(5) 스트레스 관리

넓은 의미에서 스트레스는 그것들을 관리할 수 있는 자원을 초과하거나 위협을 주는 사건이나 상태를 말한다(Lazarus & Folkman, 1984). 그러나 노인들의 스트레스는 가족관계, 건강, 경제문제와 같은 개인의 일상생활 관련 요인들에 대한 불만족으로 인한 일상적 스트레스가 주를 이루며, 이는 신체적·정서적 건강상태에 주요한 위협요소가 된다. 노인들의 스트레스 요인은 경제문제와 건강문제가 주를 이룬다(김재엽 외, 1998). 특히 여자노인의 경우는 남자노인과 비교하여 지각되는 스트레스와 우울의 정도가 많고 행복의 정도가 낮으며, 가족관계로 인해 스트레스를 많이 받는다고 한다(이신숙·이경주, 2002). 본 프로그램에 참여한 노인들도 일상생활 속에서의 스트레스에 대한 이야기를 집단 토론 시간에 자주 언급하였는데, 프로그램에 참여하여 자신들의 심경을 토로하면서 스트레스가 해소되었다는 평가를 하였다.

"모여서 속 얘기를 할 수 있어서 좋았고 가슴이 후련해지는 느낌을 가졌어요."

(참여노인 18)

"내가 작년에 아들집에 가서 받았던 스트레스를 아무한테도 말을 못하고 있다가 여기서 이렇게 얘기하고 나니까 마음이 후련하고 아주 살 것 같애. 자식들한테도 말 못하고 억울한 걸 누가 아느냐고……."

(참여노인 13)

"손자애들 때문에 집에서 스트레스가 쌓이다가도 여기 오면 기분이 풀린다니까."

(참여노인 30)

2) 건강상태의 변화

노인의 건강 특징에서 살펴본 바와 같이 노인들의 신체적 건강은 정서적 건강과 높은 연관관계를 갖고 있다. 프로그램 참여 노인들과의 인터뷰에서 노인들은 주관적 건강상태의 향상과 정서적 지지로 인한 우울감 해소에 대해 매우 고무적인 평가를 하였다. 운동 프로그램은 노인들의 만족도가 가장 높았던 부분으로 이를 통해 주관적인 건강상태에 긍정적 효과가 있었음을 알 수 있었다.

"운동을 하면 활기가 생기고 죽은 세포들이 살아나는 것 같아요. 땀을 뺄 수 있는 기회가 이곳밖에는 없다니까."

(참여노인 22)

"그전엔 몸이 좋았는데 넘어져서 다치고 난 후 몸이 불편해졌거든. 그런데 여기 와서 운동을 하면 몸이 부드러워지는 느낌을 받게 되구, 집에서도 자꾸 해 보고 중심을 잡으려고 노력하게 되더라구."

(참여노인 23)

"운동을 하면 신이 나서 기분이 좋아져."

(참여노인 29)

"뛰고 움직이면 어린 시절로 돌아가는 것 같아 기분이 좋아진다고"

(참여노인 9)

"가만히 있을 때는 잘 몰랐었는데, 몸을 흔들어 보니까 어디가 안 좋은지도 느끼게 되구. 노인 마음이 항상 공허하고 그랬는데 허전함을 채울 수 있는 방법이 되는 것 같더라구."

(참여노인 21)

"전체적으로 다 만족하는데 몸을 움직이는 게 제일 좋아. 그러고 나면 기분이 좋아지니까."

(참여노인 33)

특히 통합적 건강증진 프로그램은 의료적 접근 방식의 다른 건강증진 프로그램과 달리 정서적 지지 프로그램을 강화하였다. 정서적 지지를 목적으로 여성노인 뷰티케어 연지곤지 프로그램과 실버 레크리에이션을 프로그램 구성에 포함하였다. 특히 뷰티케어 연지곤지 프로그램은 여성노인들의 여성성에 대한 접근을 통한 정서적 지지를 목적으로 하였다. 뷰티케어 프로그램 진행 당시 대부분의 노인들은 쑥스러움과 어색함을 표시하면서도 매우 흥미롭고 만족스러운 반응을 보였다. 수동적으로 서비스를 제공받는 것이 아니라, 프로그램이 진행되는 동안 봉사자들이나 성원들 간에 수십 년 전 자신들의 결혼 당시 이야기나 젊은 시절 추억들을 회상하며 대화를 나누거나, 순서를 기다리는 동안 함께 노래를 부르거나 준비해 온 음악을 함께 듣는 등 자발적인 감성 활동들을 하였다. 특히 매니큐어나 메이크업 컬러 선택 시 본인의 취향을 표현하는 과정에서 대부분 자신들의 의사결정에 어려움을 표시하면서도 높은 관심과 흥미를 표현하는 것을 알 수 있었다. 또한 실버 레크리에이션 프로그램을 진행할 때는 서비스 장소가 종교기관임을 감안하여 그에 맞는 게임이나 음악, 멘트들을 준비하여 거부감 없는 진행을 함으로써 만족도를 높일 수 있었다.

"연지곤지 시간에 결혼하고 40년 만에 얼굴 마사지를 하고 화장하고 했어. 매니큐어는 여기 와서 생전 처음 발라 보았는데 호강한 것 같아 기분이 좋았지."

(참여노인 7)

"연지곤지 마사지를 하고 피부가 좋아지면 기분이 좋아지고 젊어졌다는 느낌이 들어요."

(참여노인 27)

"노인네를 이렇게 예쁘게 해주니 기분이 제일로 좋지."

(참여노인 6)

"게임할 때 음악도 신나고 서로 시합하는 것이 참 재미있고, 풍선이나 막대를 갖고 하니까 어릴 적 학교에서 운동회 할 때 생각나고 재밌었어요. 땀도 나고."

(참여노인 9)

"노인이 돼서 마음이 공허하고, 허전하고 그런데 그런 마음을 채울 수 있는 방법이 되는 것 같아요. 여기 와서."

(참여노인 21)

"외로워서 의지할 데가 없었는데 이렇게 모여서 강의도 듣고, 운동도 하고, 기분이 좋아져요. 여기 오면……."

(참여노인 25)

V

논의 및 결론

1. 요약 및 논의

본 연구는 노인여가복지시설인 노인학교의 여성노인들을 대상으로 8주간의 통합적 건강증진 프로그램을 개발 실시한 후 노인의 건강증진 생활양식과 건강상태에 미치는 효과성을 살피는 데 그 목적이 있다. 편의 표본추출 방법으로 표집된 여성노인 59명 중 33명은 실험집단으로 통합적 건강증진 프로그램에 참여하였고, 나머지 26명은 대조집단으로 노인학교 일반 프로그램에만 참여 하였다.

본 연구에서 실행된 통합적 노인건강증진 프로그램은 노인여가복지시설 여성노인들의 신체적·정신적 건강증진을 목적으로 건강강의와 집단토론, 운동, 정서적 지지프로그램을 통합적으로 구성한 노인건강증진 프로그램이다. 주 1회씩 총 8회기를 두 집단으로 나누어 회기당 약 100분 정도의 시간으로 진행하였다. 프로그램의 기본 진행인 건강강의와 집단토론은 노인전공 사회복지사인 연구자와 노인복지관 근무 경력 2년차 이상의 보조 사회복지사에 의해 진행되었고, 운동 프로그램은 체육전공 석사학위 소지자에 의해 진행되었다. 정서적 지지 프로그램은 사회복지전공 실습생들과 노인교육 지도자과정을 이수하고 노인학교에서 3년 이상 봉사활동을 지속해 온 자원봉사자들에 의해 진행되었다. 프로그램에 사용된 교재와 관련 자료들은 보건소 등 지역사회 건강 관련기관에서 기 제작된 소책자들과 노인 여가복지시설에서의 이용을 목적으로 연구기관에서 개발 보급된 교재들을 이용하였다. 그 외에 지역사회 내 노인건강과 관련한 각종 자료와 정보들은 프로그램의 필요에 따라 진행자와 보조 진행자가 수집·정리하였다.

본 연구를 통해 나타난 결과를 연구문제를 중심으로 논의하면 다음과 같다.

첫 번째 연구문제는 프로그램의 참여가 여성노인들의 건강증진 생활양식에 변화를 가져왔는지에 대한 것이다. 통합적 건강증진프로그램을 실시한 실험집단의 건강증진생활양식(HPLP)의 사전사후 결과, 프로그램에 참여하지 않은 대조집단과 비교하여 건강증진 생활양식의 변화에 통계적으로 유의한 차이를 가져왔다. 건강증진 생활양식은 건강책임, 신체활동, 영양, 대인관계, 스트레스 관리, 영적 성장 등 6개의 하위영역이 구성되어 있었으나, 그중 영적 성장 영역은 실험, 대조집단 간의 동질성 검증에서 탈락하여 5개 영역에 관한 분석만 이루어졌다. 영적 성장 부분의 동질성이 확보되지 못한 이유는 교회 노인학교라는 기관의 특성상 프로그램에 자발적 참여의사를 나타낸 대부분의 실험집단 성원들이 이미 교회생활에 보다 적극적으로 참여하고 있던 성원일 확률이 높았기 때문인 것으로 판단된다. 나머지 5개 하위영역 가운데 건강책임과 신체활동, 그리고 영양에서는 통계적으로 유의한 결과를 보였으며, 대인관계와 스트레스 관리에서는 근소한 차이로 통계적으로 유의하지 않은 결과를 보였다. 그러나 그 수치가 매우 근소하고 두 영역 모두 .34와 .35의 효과크기를 나타냄으로써 프로그램의 효과성을 유의한 것으로 보는 데 무리가 없다고 생각된다. 노인의 건강증진 생활양식에 관한 선행연구를 보면 건강증진 생활양식을 파악하기 위한 수준의 연구나(김희경·최은숙, 2001; 최연희·김연화, 2001), 건강증진 행위에 영향을 미치는 요인파악을 위한 연구(서인선, 2000), 건강증진 행위와 건강상태와 관련한 연관관계 파악을 위한 연구(성정숙·박재순, 2005) 등과, 건강증진 프로그램을 통해 건강증진 행위 이행을 높인다는 연구들(김은영·정경자, 2000; 박남희 외, 2001; 정영미, 2007)이 있으나 대상노인들의 특성이 다양하고 척도사용이 동일하지 않아 본 연구와의 직접적인 비교에는 다소 무리가 있다. 또한 기존 연구에 의하면 단기간의 노인건강증진 프로그램의 건강행위에 대한 효과성 부분에 일관성이 부족하다는 지적(송라윤·이혜정, 2000)과, 노인여가복지시설 중 교회 노인학교에서 진행된 건강증진 프로그램이 거의 없는 상황에서 본 연구의 효과성의 일반화를 주장하기에는 다소 어려운 점이 있을 수도 있다. 그러나 건강교육 및 상담, 운동 프로그램을 통합적으로 병행한 노인건강증진 프로그램(정영미, 2007)이나, 운동 중심의 노인건강증진 프로그램 등(박은주, 2008)에서 건강증진 생활양식의 변화에 영향을 미치는 것으로 나타나 본 연구와 그 맥을 같이하였다.

또한 과정평가를 통한 노인들의 응답에서도 통합적 건강증진 프로그램이 여성노인들의 건강증진 생활양식의 변화에 일정한 효과성을 나타내고 있음을 알 수 있었다. 건강증진 생활양식의 변화는 일시적 행위의 변화가 아닌 지속적인 변화로서, 이를 위해서는 개인 수준뿐 아니라 가족, 집단, 사회 수준에서의 변화가 필요하다. 그러므로 여성노인들의 건강증진 생활양식의 변화를 위해 노인들이 속해 있는 지역사회 안에서의 다각적인 노력이 요구된다.

두 번째 연구문제는 통합적 건강증진 프로그램의 참여가 여성노인들의 건강상태에 변화를 가져 왔는가이다. 연구결과 프로그램에 참여한 실험집단은 신체적 건강상태 중 주관적 건강상태와 정신적 건강상태에서 대조집단과 비교하여 통계적으로 유의 변화를 가져왔으며, 객관적 건강상태에서는 생리지수 중 수축기 혈압 부분을 제외하고는 효과성을 나타내지 못했다. 결과적으로 두 번째 연구문제인 건강상태의 변화는 부분적으로만 입증되었다고 하겠다.

경로당 노인을 대상으로 건강교육, 상담, 오락 및 노인의 신체적 특성을 고려한 저강도 운동 프로그램 등 노인의 건강증진을 위한 통합적 건강관리 프로그램을 8주간 주 3회씩 적용 후 노인의 건강상태를 살펴본 전미영(2003)의 연구에서는 생리지수 가운데 수축기 혈압만이 통계적으로 유의한 결과를 가져와 본 연구와 같은 결과를 보였으나, 유연성과 근력에서는 본 연구와 차이를 보였다. 본 연구에서는 사전·사후 간 점수 차이는 있었으나 통계적으로 유의한 결과를 얻지 못한 반면, 그의 연구에서는 유연성과 근력에서 차이를 보였다. 이는 주 3회씩 프로그램을 운영함으로써 주 1회의 운동 프로그램과 운동량에서 차이가 있어 이에 따른 영향이라 분석된다. 본 연구에서 객관적 건강상태의 변화가 통계적으로 유의한 결과를 나타내지 못했음에도 불구하고, 통합적 건강증진 프로그램을 지속적으로 운영하여 일정한 운동량이 확보된다면 객관적 건강상태 개선에 효과를 보일 수 있을 것으로 생각된다.

지각된 건강상태로 살펴본 주관적 신체건강상태의 변화에 대한 연구결과에서 실험집단은 대조집단과 비교하여 통계적으로 유의한 차이를 가져왔으나, 동년배와 비교한 본인의 건강상태 부분에서는 유의한 차이를 보이지 않아 부분적 효과만을 나타내었다. 정영미(2002)의 연구에서는 통합적 건강관리 프로그램 실시 후 지각된 건강상태의 변화에 통계적으로 유의한 결과를 얻지 못하였으나, 전미영(2003)의 연구에서는 통계적으로 유의한 결과를 보여 본 연구와 일치하였다. 결과적으로 통합적 프로그램 실시 후 주관적 · 객관적 건강상태로 살펴본 신체적 건강상태의 변화는 부분적으로 지지되었고, 이는 기존의 연구와 그 맥을 같이하였다.

또한 우울로 살펴본 정신적 건강상태는 프로그램 실시 후 실험군의 우울증이 대조군에 비해 통계적으로 유의하게 감소함으로써 그 효과성이 입증되었다. 기존 연구 결과를 살펴보면, 운동 또는 레크리에이션 프로그램을 단독으로 실시한 경우 우울에 미치는 효과는 일관성이 없었다. 그러나 신체적 · 심리적 측면을 모두 고려한 통합적 건강관리 프로그램 실시 후 우울과 관련한 변화를 측정한 연구(박남희 외, 2001; 정영미, 2002; 전미영, 2003)에서는 모두 통계적으로 유의한 결과를 나타내어 본 연구결과와 일치하였다.

이상의 결과로 볼 때 지역사회 일반 여성노인들의 건강증진을 목적으로 노인들의 신체적 · 정서적 · 사회적인 측면을 통합적으로 고려하여 개발한 통합적 노인건강증진 프로그램은 노인들의 건강증진 생활양식과 신체적 건강상태, 그리고 정신적 건강상태 향상에 변화를 가져옴으로써 프로그램의 효과성이 입증되었다고 할 수 있다.

2. 연구의 의의

첫째, 여성노인들의 신체적·정신적 건강을 고려한 통합적 노인건강증진 프로그램의 개발, 시행 및 그 효과성을 입증함으로써, 차후 지역사회 내에서 다양한 계층의 노인 대상 건강 관련 프로그램의 개발과 연구에 계기를 마련하였다는 데 그 의의가 있다.

둘째, 노인의 기능적 건강 문제가 중요하게 대두되고 있는 고령화 사회 속에서 노인 건강과 관련한 다학제적 협력이 요구되고 있다. 본 연구를 통해 사회복지 내에서 노인건강문제와 관련한 관심 촉구의 계기를 마련하여, 지역사회 내 노인들의 접근성이 높은 노인여가복지시설에서의 노인 건강 관련 프로그램을 활성화하도록 함에 그 의의가 있다.

셋째, 본 연구를 통해 개발된 통합적 노인건강증진 프로그램을 실시하고 그 효과성을 입증함으로써, 지역사회 내에서 사회복지사가 노인건강 관련 실천 전문가로서 그 역할을 감당할 수 있다는 실천적 계기를 마련함에 그 의의가 있다. 프로그램을 실행하면서 사회복지사는 지역사회 내 다양하게 분산되어 있는 노인건강 관련 교재 및 정보들을 노인들의 요구에 맞게 통합적으로 전달하고 실생활에서 활용할 수 있도록 지원하는 중개자, 매개자, 촉진자로서의 역할과 프로그램을 주도하는 진행자, 교사, 정보제공자, 대변자의 역할을 감당하였다. 노인건강과 관련한 일정수준의 지식과 기술들을 습득하고, 이 같은 사회복지사 본연의 역할에 충실한다면 지역사회 내 노인 건강 관련 전문실천가로서 그 역량을 충분히 발휘할 수 있을 것으로 생각된다.

3. 제언 및 연구의 제한점

1) 제언

첫째, 고령화로 인한 사회적 환경의 변화에 따라 노인건강에 대한 다학제적 접근이 요구되고 있는 현실 속에서 노인복지 분야에서의 노인의 건강에 대한 관심이 요구된다. 사회복지 분야에서의 노인건강에 대한 관심의 요구는 타 연령층의 건강문제와는 구분되는 노인건강의 독특성에 기인한다. 노인들은 타 연령층과 비교하여 신체적 건강과 그들이 속한 환경 간에 보다 통합적이고 밀접한 상호 관계를 갖고 있다. 또한 대부분 만성질환에 이환되어 있는 노인들은 이를 잘 관리함으로써 자립적 일상생활을 유지할 수 있도록 하는 기능적 건강이 더 중요시되는 특징을 갖고 있다. 이러한 노인건강의 특성으로 노인건강과 관련한 의료, 간호, 보건, 체육 등 다양한 학문 분야에서 노인복지 분야와의 연계 필요성을 강조하는 다학제적 접근에 대한 요구가 늘고 있는 실정이다. 빠른 추세로 고령화되고 있는 우리나라 현실 속에서 후기고령 여성노인들의 증가와 그로 인한 여성노인들의 건강에 대한 요구는 더욱 커질 것이다. 이러한 환경의 변화로 노인건강에 대한 의료적인 접근만으로는 한계가 있을 수밖에 없다. 그러므로 성별이나 소득, 교육수준, 가구형태 등 다양한 개인적 특성을 고려한 노인 건강에 대한 접근이 필요하며, 이는 노인 복지 분야에서 노인건강에 대해 보다 많은 관심을 가져야 하는 근저를 이룬다.

둘째, 노인여가복지시설, 특히 교회나 성당 중심의 종교기관 노인교실을 이용한 노인건강증진 프로그램의 활성화가 요구된다. 종교기관 노인교실의 경우 장소, 기자재 등 시설 측면이나 인력지원 등등 노인교육기관으로서의 기본적인 요소를 상대적으로 잘 갖추고 있다. 연구에 의하면 종교단체 및 사교단체 참여가 기능적 건강상태에 정적으로 유의한 영향을 미치며, 그 가운데서도 종교단체의 참여만이 주관적 건강평가에 유의한 영향을 미치는 것으로 나타났다. 한 가지 특징적인 것은 종교단체 참여가 건강상태에 영향을 미칠 때 사회계층이 상대적으로 낮은 집단에서 건강상태에 긍정적 영향을 미치는 주요한 변수가 되고 있음이 밝혀졌다(이승미, 2002). 이는 사회계층이 낮은 노인들에게 있어 종교활동 참여는 건강상태에 긍정적 영향을 미칠 뿐 아니라 사회의 낮은 계층에 속하는 집단의 주 참여를 이루고 있는 교회 노인학교 등 여가복지시설의 건강증진 프로그램은 그러므로 더욱 큰 의미를 지닌다고 하겠다. 특히 건강이나 소득, 학력 등등 여러 요소에서 사회적으로 불리한 위치에 처해 있는 여성노인들의 건강증진 프로그램을 지역사회 노인여가복지시설, 특히 종교기관의 노인교실에서 시행하는 것은 여러 이점을 갖게 된다. Pender는 노인건강증진 프로그램 시행의 가장 큰 문제점을 중도하차와 불규칙적인 참여로 보았다. 교회 내 공동체는 친밀도가 매우 높을 뿐만 아니라 지속적인 집단유지의 장점을 갖고 있으며 자원봉사 활동 또한 용이한 부분이 있어 더욱 큰 이점이라는 생각이 든다.

셋째, 앞으로 노인건강과 관련하여 본 연구에서 입증된 통합적 건강증진 프로그램의 효과성이 어떤 요인과 경로에 의한 것인지에 대한 후속 연구가 필요하다. 또한 여성노인에 국한된 것이 아니라 남성노인의 경우와 고령, 중고령, 후기고령 등 연령과 관련하여, 또는 독거노인 혹은 가족과의 동거노인 등 가구형태에 따라 다양한 노인의 특성을 고려한 프로그램 개발과 그에 대한 효과성 평가에 대한 연구들이 진행되어져야 할 것이다.

2) 연구의 제한점

첫째, 본 연구는 특정지역의 대상자에 한하였으므로 연구의 결과를 일반화하기에 무리가 있을 수 있다.

둘째, 본 연구는 우리나라 여성노인 중 극히 일부를 대상으로 실시되었으므로 연구 결과의 일반화에 한계가 있다.

참고문헌

강수균 외 6인, 「노인의 주관적 건강 상태 및 건강관심도와 생활만족도와의 관계분석」, 『특수교육재활과학연구』, 42, 53-72, 2003.

강영식·박병관, 「노인의 욕구영역에 따른 노인복지관 노인교육 프로그램의 선택 속성」, 노인복지연구, 41, 327-352, 2008.

강영호, 「왜 젠더인가?」, 한국건강형평성학회 제2회 학술대회: 서울, 한국, 2005.

강은정, 「한국노인의 성별 일상생활활동 장애율」, 『한국노년학』, 27(2), 409-425, 2007.

강현임, 「농촌여성노인의 여가생활」, 이화여자대학교 간호학 박사학위논문, 2008.

강혜원·조영태, 「서울시 남녀노인의 건강불평등-사회경제적 지위와 사회통합 요소를 중심으로」, 『한국사회학』, 41(4), 164-201, 2007.

강희선·박연환, 「건강검진행사에 참여한 노인의 생리적 건강상태 및 건강증진 생활양식」, 『한국노년학』, 25(2), 95-108, 2005.

강희숙·김근조, 「일부지역 노인들의 신체적 건강과 우울과의 관련성」, 『대한보건협회학술지』, 26(1), 451-459, 2000.

고승덕, 「삶의 질 향상을 위한 노인보건교육 발전방안」, 『협성논총』, 13, 374-389, 2001.

고승덕·김혜경, 「노인보건과 복지 서비스 연계의 활성화 방안」, 『협성논총』, 14, 397-423, 2002.

고승덕·김혜경·정혜경, 「건강증진을 위한 보건교육 프로그램 개발: 노인교육을 중심으로」, 『협성논총』, 15, 357-387, 2003.

구미옥, 「만성질환자의 자기간호행위 행위증진과 지속에 대한 자기조절 교육 프로그램의 효과」, 『간호학회지』, 26(2), 413-427, 1996.

구미옥 외 7인, 「한국 노인의 건강행위 수행 방해요인에 대한 연구」, 『노인간호학회지』, 5(2), 117-137, 2003.

구미옥·은영·송미순, 「한국 남녀노인의 건강행위 수행 방해요인에 대한 연구」, 『대한간호학회지』, 38(2), 332-343, 2008.

권영숙, 「노인단독가구의 지역사회 건강관리 프로그램 개발」, 서울대학교 대학원 박사학위논문, 2004.

권중돈, 『노인복지론』, 학지사, 2008.

김경미 외, 「여성의 갱년기에 대한 인식과 건강증진 생활양식 이행에 관한 연구」, 『이화간호학회지』, 27, 1994, 31-40.

김금자 외 3인, 「중년여성의 건강증진 프로그램 효과검증」, 『한국체육학회지』, 43(4), 661-670, 1999.

김남진, 「노인들의 건강행위 실천정도와 관련요인분석」, 『한국노년학』, 20(2), 169-182, 2000.

김동건·조민행, 「여가교육과 재가노인복지시설 노인의 심리사회적 건강연구」, 『대한간호학회지』, 29(3), 541-550, 2004.

김문영·정현희, 「인지-행동적 집단 상담이 노인이 우울과 고독감, 역기능적 태도에 미치는 효과」, 『한국심리학회지: 심리 및 상담치료』, l(15), N0.3, 2003.

김미령, 「미국 여성노인의 우울증에 영향을 미치는 요인: 배우자유무에 따른 비교를 중심으로」, 『한국노년학』, 24(4), 147-164, 2004.

김미령, 「여성노인의 고독감에 미치는 영향연구」, 『정신보건과 사회사업』, 21, 90-111, 2005.

김미령, 「전기, 후기 여성노인의 삶의 질 및 영향요인 비교연구」, 『한국사회복지학』, 58(2), 197-222, 2007.

김미혜·김소희, 「만성질환 노인의 의료비 부담 관련요인에 관한 연구」, 『한국사회복지학』, 48(3), 150-178, 2002.

김미혜 외 3인, 「한국노인의 성공적 노후 삶의 유형에 영향을 미치는 요인」, 『한국노년학』, 26(1), 2005.

김명 외 3인, 『노인보건복지 이론과 실제』, 집문당, 2004.

김소진, 「노인의 여가경험에 대한 연구」, 성균관대학교 박사학위논문, 2008.

김수현, 「노화에 대한 기대수준이 노인의 건강증진행위에 미치는 영향」, 『대한간호학회지』, 37(6), 932-940, 2007.

김수현·이은주, 「노인의 기능적 의료정보 이해능력이 지각된 건강상태에 미치는 영향」, 『대한간호학회지』, 38(2), 195-203, 2008.

김수현·최연희, 「신체적 건강상태가 노인의 자살생각에 미치는 영향」, 『한국노년학』, 27(4), 775-788, 2007.

김순이, 「한국노인의 건강행위에 대한 탐색적 연구」, 이화여자대학교 대학원 박사학위논문, 1996.

김숙경, 「항암화학 요법을 받는 여성암 환자의 가족지지, 자가간호행위 및 지
　　각된 건강상태의 관계」, 이화여대 임상보건과학대학원 석사학위논문,
　　2004.

김신미 외 4인, 「한국노년학에 게재된 건강」, 『간호 분야 연구동향』, 28(4),
　　785-796, 2008.

김영숙 · 서영현, 「생활환경에 따른 한국 노인들의 생활만족과 우울수준」, 『노
　　인복지연구』, 18, 273-290, 2002.

김영임 · 정혜선 · 배경희, 『건강증진 이론과 적용』, 에피스테메, 2008.

김영택 외 4인, 「외국의 여성건강증진 기반고찰 및 한국의 정책과제」, 한국여
　　성정책연구원, 2007.

김영택 외 3인, 『한국여성건강 현황 및 정책과제』, 한국여성정책연구원, 2008.

김원경, 「노년기의 신체적 건강과 우울증간의 관계: 구조적 및 기능적 측면의
　　사회적 지지효과를 중심으로」, 『한국심리학회지: 임상』, 20(1), 49-66,
　　2001.

김오남, 「농촌노인의 건강수준, 사회적 지지와 우울에 관한 연구」, 『한국가족
　　사회복지학』, 8(2), 5-22, 2003.

김용숙 · 이지영 · 박효원, 『화장치료심리학』, 신정, 2004.

김윤미 · 신은영 · 이건세, 「고혈압 노인에 대한 사례관리의 효과」, 『한국노년
　　학』, 26(3), 477-492, 2006.

김윤정, 「여성독거노인의 건강, 경제상태, 사회적 관계의 지역적 차이에 관한
　　연구」, 『한국지역사회생활학회지』, 18(3), 417-431, 2007.

김윤정, 『노년기 사회적 지지와 정신건강』, 한국학술정보(주), 2007.

김인자 외 4인, 「펜더의 건강증진모형에 근거한 만성관절염 환자의 운동행위
　　예측」, 『류머티스건강학회지』, 8(1), 2001.

김재엽 · 김동배 · 최선희, 「노인부부의 스트레스와 갈등, 우울증, 그리고 권력」,
　　『한국노년학』, 18(3), 103-122, 1998.

김정연, 「노인의 건강관련 삶의 질 모형」, 충남대학교 대학원 보건학 박사학위
　　논문, 2009.

김정선, 「만성질환 노인여성의 약물사용 경험」, 이화여자대학교 대학원 박사
　　학위논문, 2001.

김정선, 「만성질환 재가 여성노인의 약물사용 유형」, 『질적연구』, 7(1), 2006.

김정수, 「여성노인의 건강증진 경험과정」, 『질적연구』, 9(1), 71-85, 2008.

김주현 · 김성재 · 박연환, 「여대생의 건강증진행위에 영향을 미치는 요인」, 『성
　　인간호학회지』, 13(3), 431-440, 2001.

김주희 · 정영미, 「노인의 건강연령과 일상생활 활동 및 인지기능에 관한 연구」, 『노인간호학회지』, 3(1), 22-31, 2001.

김주희 · 정영미, 「독거노인의 일상생활 정도와 영양상태, 인지기능 및 우울에 관한 연구」, 『노인간호학회지』, 3(2), 2001.

김찬우, 「고령화사회의 노인복지 서비스 전달체계의 변화방향」, 『사회복지 리뷰』, 10, 2005.

김채현 외 4인, 「노년기 삶의 질 향상에 관한 연구(II)」, 『한국노년학』, 19(1), 61-83, 1999.

김철호, 「고혈압」, 『2000년 심장병 예방을 위한 시민강좌자료집』, 2000.

김춘길 · 성명숙, 「노인의 건강증진행위에 영향을 미치는 요인: 건강개념과 가족 지지 변수를 중심으로」, 『기본간호학회지』, 9(1), 33-143, 2002.

김포경, 「자가 미용교육 프로그램이 여성노인의 우울, 자아존중감 및 생활만족도에 미치는 영향」, 계명대학교 공중보건학 박사학위논문, 2007.

김현순 · 김병식, 「자아존중감이 노인의 스트레스와 우울의 관계에 미치는 매개 효과」, 『한국노년학』, 27(1), 23-37, 2007.

김형남, 「노인의 자아존중감과 생활만족도가 노화정도에 미치는 영향」, 대구한의대학교 대학원 보건학 박사학위논문, 2007.

김혜경, 「노인의 건강행위 및 관련 요인: 성별차이를 중심으로」, 한림대학교 대학원 의학과 박사학위논문, 2002.

김혜경, 「전기, 후기고령자의 건강수준 및 복지욕구에 관한 비교연구」, 『한국노년학』, 26(1), 2005.

김혜련 외 6인, 『고령사회에 대비한 국가영양관리 발전전략모색』, 한국보건사회연구원, 2007.

김혜숙, 「지역사회 거주 노인의 건강증진행위에 영향을 미치는 요인에 관한 연구」, 숭실대학교 박사학위논문, 2009.

김효정, 「노인의 신체적 건강과 우울과의 관계」, 『한국 농촌의학회지』, 26(2), 193-203, 2001.

김희경 · 최은숙, 「노인의 건강행위와 안녕 및 영향요인에 관한 연구」, 『노인간호학회지』, 3(1), 84-99, 2001.

김희자, 「시설노인의 근력 강화운동이 근력, 근지구력, 일상생활기능 및 삶의 질에 미치는 효과」, 서울대학교 대학원 박사학위논문, 1994.

김희자 · 김주현 · 박연환, 「일부 지역 농촌 노인들의 건강증진행위에 영향을 미치는 요인」, 『성인간호학회지』, 12(4), 2000.

노병일 · 모선희, 「사회적 지지의 수준과 차원이 노인 우울에 미치는 영향」, 『한국노년학』, 27(1), 53-69, 2007.

류현혜, 「노년여성의 개인적, 사회적 자아의식과 외모관리행동과의 관계」, 대구가톨릭대학교 의류학 박사학위논문, 2007.

박귀영, 「노인여가복지시설 이용실태와 생활만족도에 관한연구: 노인평생학습과정 개발 방안중심으로」, 한영신학대학 대학원 박사학위논문, 2007.

박군석·한덕웅·이주일, 「한국 노인의 신체건강과 주관안녕에 영향을 미치는 요인들」, 『한국심리학회지: 건강』, 9(1), 23-42, 2004.

박남숙, 「부부성장 집단상담 프로그램 개발」, 연세대학교 교육학 박사학위논문, 2001.

박남희·이해정·김정순, 「노인건강증진 프로그램이 동기요소, 건강증진행위, 우울에 미치는 효과」, 『노인간호학회지』, 3(2), 186-195, 2001.

박명화 외 14인, 『2008년도 노인실태조사-전국 노인생활실태 및 복지욕구조사』, 보건복지가족부, 계명대학교 산학협력단, 2009.

박미석, 「우리나라 노인의 은퇴 후 여가선용에 관한 연구」, 『대한가정학회지』, 42(12), 107-122, 2004.

박미숙, 「노인의 약물 사용실태조사」, 『기본간호학회지』, 15(2), 195-205, 2008.

박연주, 「한국노인의 건강행위 예측 모형연구」, 『대한간호학회지』, 29(2), 281-292, 1999.

박영례 외 4인, 「노인의 자아존중감, 자기효능과 삶의 질에 관한 연구」, 『노인복지연구』, 29, 2005.

박영례·손연정, 「성인여성의 생애주기별 외모만족도, 자아존중감, 우울 스트레스 및 건강 관련 삶의 질 간의 관계」, 『기본간호학회지』, 16(3), 353-361, 2009.

박영임 외 3인, 『건강증진과 건강교육』, 수문사, 2006.

박영주 외 3인, 「한국노인의 건강행위 예측모형구축」, 『대한간호학회지』, 29(2), 281-292, 1999.

박원명, 「우울증의 원인」, 『의약정보』, 33(3), 22-29, 2007.

박은숙 외 6인, 「노인의 건강증진행위 및 삶의 질에 영향을 미치는 요인」, 『대한간호학회지』, 28(3), 638-649, 1998.

박은주, 「건강증진 프로그램이 여성노인의 건강과 건강증진 생활양식에 미치는 효과」, 백석대학교 박사학위논문, 2008.

박재순, 「중년후기 여성이 건강증진행위모형 구축」, 서울대학교 박사학위논문, 1995.

박정모·한신희, 「노인운동 프로그램이 노인의 건강상태와 우울에 미치는 효과」, 『대한간호학회지』, 33(2), 220-227, 2003.

박종숙 외 4인, 「노인의 건강증진행위 실태조사」, 『청주과학대학 논문집』, 30, 63-81, 2004.

박종한 · 권영철, 「노인용 한국판 Mini-Mental State Examination(MMSE-K)의 표준화 연구: 2편, 구분점 및 진단적 타당도」, 『신경정신의학』, 28(3), 508-513, 1989.

박상규, 「노인의 정신건강과 삶의 질 간의 관계」, 『한국심리학회지: 건강』, 11(4), 785-796, 2006.

박정숙 · 이혜란, 「일반노인과 저소득층 노인의 건강증진행위와 지각된 건강상태 비교」, 『지역사회간호학회지』, 14(1), 157-166, 2003.

박정숙, 「노인건강증진 대학 프로그램이 노인의 건강증진행위, 건강상태 및 삶의 질에 미치는 효과」, 『대한간호학회지』, 34(7), 1194-1204, 2004.

박창제 외 4인, 『복지국가의 고령자 보건의료정책』, 공동체, 2008.

박현숙, 「집단인지요법이 노인의 우울, 자아존중감, 고독감에 미치는 효과」, 경북대학교 대학원 박사학위논문, 1993.

박형숙 · 박경연, 「인지행동기반 스트레스관리 프로그램이 제2형 당뇨병 환자의 스트레스, 대처 및 스트레스 반응에 미치는 효과」, 『기본간호학회지』, 15(3), 291-300, 2008.

백지은 · 최혜경, 「한국노인들이 기대하는 성공적인 노화의 개념, 유형 및 예측요인」, 『한국가정관리학회지』, 23(3), 1-16, 2005.

백현옥, 『노인의 영양관리, 대한노인병학회 심포지움 자료집』, 2007.

보건복지가족부, 『노인 보건복지사업안내』, 2008.

보건복지가족부, 『제3차 사회보장장기발전방향』, 2010.

보건사회연구원, 『노인문화의 현황과 정책적 함의』, 2006.

서순림 · 김미한 · 김종여, 「노인의 건강증진을 위한 교육프로그램의 적용효과」, 『노인간호학회지』, 6(1), 107-11, 2004.

서울특별시 · 한국보건산업진흥원, 『2009 서울특별시 어르신 만성질환관리사업 추진 워크숍 자료집』, 2009.

서인선, 「노인의 건강지식과 건강증진행위에 관한 연구(1)」, 『한국노년학』, 20(2), 1-28, 2000.

서지민 · 김명희 · 김주성, 「노인여성의 우울 관련 변인에 대한 판별분석」, 『정신간호학회지』, 15(3), 237-245, 2006.

서현미, 「노인의 건강증진행위 모형 구축」, 서울대학교 대학원 박사학위논문, 2001.

서현미·하양숙, 「노인의 건강증진생활 양식에 영향을 미치는 요인-pender의 건강증진모형 적용」, 『대한간호학회지』, 34(7), 1288-1297, 2004.

석말숙, 「노인의 주관적 안녕감에 대한 생태 체계적 접근-지역사회거주 재가노인을 중심으로」, 『노인복지연구』, 26(겨울호), 237-261, 2004.

선우덕, 「고령화 사회의 사회정책 방향-보건복지 정책을 중심으로-」, 『한국사회 정책』, 10(통권), 59-87, 2003.

선우덕, 「노인보건정책의 발전과정 및 연구동향에 대한 일고찰」, 『한국노년학』, 28(4), 773-784, 2008.

선우덕 외 6인, 『노인건강증진 허브 보건소 시범사업평가연구』, 한국보건사회연구원, 건강증진사업지원단, 2008.

선우덕 외 6인, 『고령화 사회에서의 노인 보건 의료체계 구축 및 효율적 운영방안』, 한국보건사회연구원, 2005.

성정숙·박재순, 「노인의 건강증진행위와 건강상태」, 『노인간호학회지』, 7(1). 71-78, 2005.

성창근, 「사회복지서비스가 노인의 정신건강에 미치는 영향」, 한국 성서대학원 석사학위논문, 2003.

성향숙, 「여성노인복지의 실태와 복지정책의 과제」, 『여성학연구』, 11(1), 45-62, 2001.

성혜영·조희선, 「Rowe와 Kahn의 구성요소를 활용한 성공적 노화모델」, 『한국노년학』, 26(1), 105-123, 2006.

손덕순, 「노인 정신건강에 영향을 미치는 생태체계 요인에 관한 연구」, 강남대학교 대학원 박사학위 청구논문, 2005.

손덕순, 「여성노인의 정신건강 관련요인에 대한 연구」, 『정신보건과 사회사업』, 3(8), 120-146, 2006.

손용진, 「노인기의 종교변화에 따른 생활 만족도」, 『노인복지연구』, 36, 181-200, 2007.

송미순, 「노년기 건강증진 보건의료체계의 변화와 건강증진」, 『서울대학교 개교 50주년 기념 국제학술대회 자료집』, 77-83, 1996.

송미순, 「건강증진개념을 적용한 만성질환 노인 자기관리 교육모형 개발」, 『노인 간호학회지』, 6(2), 228-242, 2004.

송미순 외 3인, 『노인건강연구 도구집』, 군자출판사, 2007.

송미숙·송현종, 「재가노인을 위한 지역사회 중심의 집중건강관리 프로그램의 개발과 적용」, 『한국노년학』, 29(1), 37-50, 2009.

신경림·김정선, 「도시지역 여성노인의 건강관심도. 주관적 건강평가, 건강상태 및 건강증진행위와의 관계연구」, 『대한간호학회지』, 34(5), 869-880, 2004.

시립 강동 노인종합복지관, 「강동구 지역 어르신의 건강한 노후를 위한 통합 복지 프로그램 Happy Senior School」, 『노인복지실천연구』, 5, 2007.

신두만, 「노인들의 보건지식과 건강증진 행태에 영향을 미치는 요인분석」, 대구대학교 한의학과 박사학위논문, 2005.

신미경, 「체력에 따른 운동프로그램이 노인의 인지기능, 우울, 지각된 건강상태 및 체력에 미치는 효과」, 이화여자대학교 박사학위논문, 2008.

신복기·성향숙·김수영, 「성공적 노화를 위한 노인교육프로그램의 효과성 연구」, 『노인복지연구』, 34, 313-336, 2006.

신승연, 「활동, 사회적 지지가 시설노인의 심리적 건강에 미치는 영향」, 평택대학교 사회과학 연구소, 『사회과연구』, 4, 21-35, 99-111, 2000.

신용주, 「21세기 여성노인의 세력화를 위한 고찰, 생활과학연구」, 99-111, 2000.

아주대학교 의과대학, 「부천시 노인 정신건강증진 프로그램 개발을 위한 기초조사」, 보건복지부 최종보고서, 2000.

안기선·김윤정, 「산업체 남성근로자를 위한 은퇴준비 프로그램 개발 및 효과성 평가」, 『한국가족관계학회지』, 12(1), 93-118, 2007.

안옥희·이종화, 「일부 지역사회 여성노인의 주관적 건강에 영향을 미치는 요인」, 『기본간호학회지』, 15(3), 284-290, 2008.

양윤준, 「성인의 운동, 신체활동의 한국형 표준 측정도구 개발과 한국형 표준 권장량 설정」, 인제대학교 건강증진사업 지원단, 2007.

어광수, 「사회경제적 요인 및 심리적 요인이 노인의 건강행위에 미치는 영향」, 한림대학교 대학원 의학과 박사논문, 2003.

오노균·박진홍, 「고령자를 위한 운동 프로그램 개발과 평가」, 『충청대학 논문집』, 23(1), 75-87, 2003.

오민아 외 3인, 「MMSE를 이용한 도시지역 노인들의 인지기능 검사 성적」, 『충남의대잡지』, 30(2), 101-113, 2003.

오세란, 「발달장애아동 부모의 문제해결능력 증진을 위한 인지행동 집단 프로그램의 효과성연구」, 서울대학교 대학원 박사학위논문, 1997.

오진주·김신미·송미순, 「노인의 건강행위수행 실태와 이에 영향을 미치는 요인」, 『성인간호학회지』, 8(2), 324-337, 1996.

왕경희, 「만성질환노인을 위한 의료사회복지실천 모형개발」, 부산대학교 박사학위논문, 2005.

원형중·김숙자, 「우리나라 여성노인의 성공적 노화를 위한 여가정책」, 『체육과학연구』, 17(4), 179-192, 2006.

원효종, 「도시 핵가족 주부의 사회관계망 유형연구」, 서울대학교 대학원 박사
학위논문, 1997.

유양경, 「재가 노인의 사회적 지지와 사기」, 『대한간호학회지』, 34(2), 297-306,
2004.

유인영 · 임민경 · 유원섭, 「노인의 우울과 자가건강수준, 사회적 지지정도에
관한 연구」, 『노인간호학회지』, 4(2), 153-162, 2002.

유희정, 「농촌 사별여성노인의 성공적 노화 경험 연구」, 『한국노년학』, 27(3),
617-634, 2007.

윤순녕, 「제조업 여성근로자의 건강증진행위 예측을 위한 새 건강증진모형의
검증」, 『지역사회간호학회지』, 12(3), 557-569, 2001.

윤연희, 「노인의 여가제약 요인에 따른 여가활동 참여유형에 관한 연구」, 제주
대학교 석사학위논문, 2006.

윤종률 · 이경자, 「노인의 질병예방 및 건강증진행위 실천을 위한 예측모형 구
축」, 『보건복지부 건강증진연구 사업보고서』, 2001.

윤종률, 「노인에서 기능장애 치료와 예방을 위한 운동의 의미와 중요성」, 『노
인건강증진 심포지움 자료집』, 2006.

윤종률, 「한국 지역사회 거주 노인들의 노쇠예방과 건강증진을 위한 노인운동
의 개발과 적용」, 『제4회 서울노년학 국제심포지움 자료집』, 한국노년
학회, 51-70, 2009.

윤진, 『성인 노인심리학』, 서울: 중앙적성출판사, 1997.

윤현숙 · 허소영, 「노인의 건강상태가 생활만족도에 미치는 영향에 대한 사회
적 관계의 매개효과 및 중재효과」, 『한국노년학』, 27(3), 649-666, 2007.

윤희상 · 이혜영 · 이숙경, 「건강증진 프로그램 이용과 관련된 요인」, 『보건사
회 연구』, 28(2), 157-184, 2008.

구미옥 외 3인, 「복지관과 경로당 노인의 건강상태 및 건강서비스 요구」, 『노
인간호학회지』, 3(1), 7-21, 2001.

은영 · 송미순 · 구미옥, 「한국 남녀노인의 건강행위 수행 방해요인에 관한 연
구」, 『대한간호학회지』, 38(2), 332-343, 2008.

이가옥 · 이현송 · 김정석 · 이미진, 「노년기 삶의 질: 개념 및 지표구성」, 『노인
복지 정책연구』, 24집, 51-113, 2002.

이경희, 「노인건강증진 프로그램 개발에 관한 연구: 여가활동을 중심으로」, 경
희대학교 석사학위논문, 2005.

이군자 외 3인, 「중년 여성의 건강증진행위에 미치는 영향 요인」, 『대한간호학

회지』, 35(3), 494-502, 2005.

이동우, 「고령화 사회에서의 노인정신건강 관리대책-치매와 노인우울증을 중심으로」, 『예산춘추』, 겨울호, 81-89, 2006.

이민수 외 3인, 『한국 어느 도시지역의 노인성 우울증, 역학 조사』, 4(2), 154-163, 2000.

이병윤, 『정신의학사전』, 일조각, 1997.

이세원 외, 「노인건강증진을 위한 종합대책 및 관리방안 개발」, 전남대학교 건강증진기금 사업지원단, 2009.

이소정 외 5인, 『노년기 사회경제적 불평등의 다차원적 구조분석』, 한국보건사회연구원, 2008.

이선규 · 오복자, 「노인의 건강증진행위와 영적안녕 및 신체기능과의 관계연구」, 『노인간호학회지』, 5(2), 127-137, 2003.

이숙자, 「노인의 건강증진을 위한 율동적 운동프로그램의 적용효과」, 경희대학교 대학원 박사학위논문, 2000.

이승미, 「한국 노인의 사회계층별 건강상태와 사회적 지원의 영향에 관한 연구」, 『한국노년학』, 23(4), 135-157, 2002.

이신숙, 「노인이 경험하는 긴장상태에 대한 사회적 지원의 완충효과: 노인의 생활 만족도를 중심으로」, 『대한가정학회지』, 35(4), 199-209, 1997.

이신숙 · 이경주, 「노인의 일상적 스트레스, 사회적지지, 심리적 적응에 관한 연구」, 『한국노년학』, 22, 1-20, 2002.

이영호, 『정신건강론』, 공동체, 2006.

이원진, 「노인여성의 화장이 심리적 복지감에 미치는 영향」, 대구가톨릭대학교 석사학위논문, 2003.

이은희 외 3인, 「노인의 안녕감에 미치는 생성감의 역할」, 『한국노년학』, 24(3), 131-152, 2004.

이인수 · 함주현, 「중 · 노년기 여성의 삶의 의욕, 건강에 대한 자신감, 그리고 사교성에 관한 연구」, 『인문사회과학연구』, 7, 107-126, 2004.

이인정, 「만성질환 및 기능손상노인 가족수발자의 재가복지서비스 이용 결정요인에 관한 연구」, 『한국사회복지학』, 56(3), 183-205, 2004.

이정숙, 「환경과 건강요인이 노인의 건강복지에 미치는 영향」, 한서대학교 노인복지학과 박사학위논문, 2004.

이종숙, 「현실요법을 적용한 프로그램이 노인 정신건강에 미치는 효과」, 『좋은 인간관계학회지, 좋은 인간관계』, 2(1), 39-61, 2004.

이태연 · 최명구, 『생활 속의 정신건강』, 신정, 2006.

이태화 · 고일선 · 이경자, 「노인대상 건강증진사업 추진전략과 프로그램 개발」, 연세대학교 건강증진기금사업지원단, 2005.

이평숙 외 4인, 「노인의 스트레스, 사회적 지지와 우울 간의 관계」, 『대한간호학회지』, 34(3), 477-484, 2004.

이해정 외 7인, 「노인의 주관적 건강평가의 관련 요인」, 『가정의학회지』, 23(10), 1210-1218, 2002.

이후연 외 3인, 「노인의 사회경제적 수준과 주관적 건강수준과의 관계」, 『보건행정학회지』, 15(2), 70-83, 2005.

임난영 · 서길희, 「관절염 환자의 운동행위 예측모형-pender의 재개정된 건강증진 모형에 의한」, 『류마티스 건강학회지』, 8(1), 122-140, 2001.

임란희, 「노인의 신체적, 심리적, 사회적 건강변화를 위한 실버 스트레칭 프로그램 개발과 효과분석」, 명지대학교 체육학 박사학위논문, 2006.

임은실 · 이경자, 「저소득 재가노인의 신체적 기능, 우울 및 사회적 지지가 삶의 질에 미치는 영향」, 『노인 간호학회지』, 5(1), 38-49, 2003.

장세우, 「노인교육 정책집행에 관한 연구」, 상명대학교 대학원 박사학위논문, 2008.

장숙희, 「노인의 건강상태, 사회적 지지와 생활 만족도와의 관계」, 『노인간호학회지』, 8(1), 36-46, 2006.

장영식 · 김나연 · 최성용, 『지표로 본 한국의 보건복지 동향』, 한국보건사회연구원, 2008.

장인순 · 김수미, 「일부 지역사회 노인의 영적안녕에 영향을 주는 요인 연구」, 『노인간호학회지』, 5(2), 193-204, 2003.

장현숙 외 5인, 『2008년 서울특별시 노인 집단중심 만성질환관리사업 보고서』, 서울시 한국보건산업진흥원, 2008.

전경숙, 「노년기 건강의 남녀차이: 건강의 사회적 요인중심으로」, 서울대학교 박사학위논문, 2008.

전남대학교 건강증진기금사업지원단, 「재가노인의 건강증진을 위한 보건복지 통합 프로그램 실용화 및 확대전략에 관한 연구」, 건강증진기금 연구사업, 2005.

전남대학교 건강증진기금사업지원단, 「노인건강증진을 위한 종합대책 및 관리방안 개발」, 건강증진연구 사업(정책, 08-14), 2009.

전미영, 「통합적 건강관리 프로그램이 노인의 건강증진에 미치는 효과」, 『한국노년학』, 23(3), 1-13, 2003.

전영숙, 「노인여가교육 프로그램이 노인의 여가인식과 삶의 질에 미치는 영향연구」, 서울여자대학교 대학원 사회사업학과 박사학위논문, 2007.

전은영·서부덕, 「재가노인의 건강증진 행위 이행에 영향을 미치는 요인」, 『노인간호학회지』, 6(1), 38-46, 2004.

전혜정, 「노년기 비공식적 지원제공에 영향을 미치는 요인에 관한 연구」, 『한국노년학. 23(4) (2003), 143-161.

전혜정, 「미국노인의 사회적 지원제공과 정신건강: 종단적 자료분석」, 『한국노년학』, 24(1), 89-105, 2004.

정경숙, 「노인건강증진 프로그램이 체력과 삶의 질에 미치는 영향」, 조선대학교 석사학위논문, 2003.

정경희 외 6인, 「2004년도 전국 노인생활실태 및 복지욕구조사」, 한국보건사회연구원·보건복지부, 2004.

정경희 외 3인, 「노인문화의 현황과 정책적 함의-'성공적 노화'담론에 대한 비판적 검토를 중심으로-」, 한국보건사회연구원, 2006.

정상혁 외 3인, 「노인의 사회 경제적 수준과 주관적 건강수준과의 관계」, 『보건행정학회지』, 15(2), 70-83, 2005.

정영미, 『건강증진프로그램이 노인의 건강에 미치는 효과』, 한국학술정보(주), 2007.

정영미, 「여성노인이 우울에 따른 건강상태 및 우울관련 요인」, 『한국노년학』, 27(1), 71-86, 2007.

정재임·금명희, 「노인의 건강위험 행위와 건강상태와의 관계」, 『경북전문대학교 논문집』, 21, 357-374, 2002.

조경환, 「노인환자에서의 골관절염」, 『가정희학회지』, 211, 1129-1135, 1998.

조희금·배나래, 「여성노인의 빈곤과 복지정책」, 『사회복지연구』, 26, 125-149, 2004.

주애란·박상하, 「농촌노인의 인지 기능과 우울의 관계」, 『노인간호학회지』, 6(1), 27-37, 2004.

차영남 외 4인, 「중년여성의 건강증진프로그램 개발에 관한 연구」, 『지역사회간호학회지』, 8(1), 5-20, 1998.

천의영, 「한국노인의 사회연결망 유형과 건강관련성」, 연세대학교 간호하과 박사 학위논문, 2008.

최기운, 「규칙적인 운동이 노인여성의 건강에 미치는 영향」, 고려대학교 대학원 박사학위논문, 2004

최민규, 「노인 당뇨병 교육이 당뇨지식 및 혈당치에 미치는 영향」, 서울대학교 대학원 석사학위논문, 2005.

최선화, 「규칙적인 운동프로그램이 경로당 이용 노인의 건강에 미치는 효과」, 한양대학교 대학원 박사학위논문, 1996.

최수정, 「도구개발을 통한 한국 노인의 삶의 질에 관한 조사연구」, 이화여자대학교 대학원 박사학위논문, 2001.

최연숙, 「외모 가꾸기 훈련이 만성정신분열병 환자의 독립적 외모 가꾸기 수행능력과 외모 만족 및 자아존중감 향상에 미치는 영향」, 가톨릭대학교 석사학위논문, 2000.

최연희·김연화, 「일부지역 노인의 건강증진생활 양식에 관한 연구」, 『보건교육. 건강증진학회지』, 18(3), 103-115, 2001.

최연희, 「도시노인의 건강증진행위와 자아존중감과의 관계연구」, 『보건복지연구』, 8, 1-10, 2003.

최영, 「가구형태에 따른 노인의 건강상태 결정요인에 관한 연구」, 『노인복지연구』, 29, 123-149, 2005.

최영아·박점희, 「노인이 지각한 가족지지와 자아존중감 및 예방적 건강행위 이행과의 관계」, 『기본간호학회지』, 20(3), 307-323, 1999.

최영희·백영주·이지숙, 「한국노인의 정신 정서적 건강상태 도구개발과 건강 상태에 관한 연구」, 『성인간호학회지』, 2, 5-29, 1990.

최태훈·권오일, 『건강교육과 관리』, 아람, 2009.

최윤정·김찬·박유노, 「영양교육 프로그램이 서울지역 노인의 체력, 영양상태, 건강 관련 삶의 질에 미치는 영향」, 『한국영양학회지』, 40(3), 270-280, 2007.

최정수 외 3인, 『보건의료정책평가 현황과 발전과제』, 한국보건사회 연구원. 224-225, 2006.

최종환 외 3인, 「노인들의 성별과 신체활동 수준이 신체적 기능, 심리적 기능, 그리고 건강관련 삶의 질에 미치는 영향」, 『한국 체육학회지』, 43(6), 975-983, 2004.

최혜경, 「성공적인 노화 정의를 위한 문헌연구」, 『한국가정관리학회지』, 2, 145-154, 2003.

최혜숙, 「여성노인의 건강증진 행위모형 구축」, 한양대학교 박사학위논문, 2006.

통계청, 『고령자통계 2009』, www. nso.go.kr, 2009.

통계청, 『사회조사보고서 2009』, 2010.

한경혜·김주현, 「농촌마을의 환경특성과 노인들의 사회적 상호작용에 대한 사례 연구」, 『한국지역사회생활과학회지』, 16(1), 73-88, 2004.

한경혜 · 김주현 · 강혜원, 「생활공간으로서의 농촌마을의 특성과 노인들의 상호작용: 강원도 지역 3개 마을 사례연구」, 『농촌사회』, 15(2), 85-131, 2005.

한창수 외 7인, 「노인성 우울증과 치매 통합관리를 위한 도시형 하이브리드 모델개발」, 『노인병』, 10(2), 104-114, 2006.

한형수, 「한국사회 도시노인의 삶의 질에 관한 연구」, 『사회복지정책』, 19, 113-142, 2004.

허준수, 「도시노인의 여가활동에 영향을 미치는 요인들에 관한 연구」, 『한국노년학』, 22(2), 227-247, 2002.

허준수 · 유수현, 「노인의 우울에 미치는 요인에 관한 연구」, 『정신보건과 사회사업』, 13, 7-35, 2002.

홍춘우, 「노년기 통합적 삶을 위한 죽음준비교육 프로그램 개발과 효과성 연구」, 서울기독대학교대학원 사회복지학과 박사학위논문, 2007.

홍현방, 「노인의 영양건강과 성공적인 노화의 관계: 대전광역시 노인을 중심으로」, 『노인복지연구』, 21, 49-72, 2003.

황성철, 『사회복지 프로그램 개발과 평가』, 공동체, 2005.

황희선, 「기독교적 인지행동 프로그램의 개발과 적용가능성에 관한 사례연구」, 이화여자대학교 사회복지대학원 석사학위논문, 2005.

황미혜, 「노인의 자가 간호와 안녕에 관한 구조모형」, 경북대학교 대학원 박사학위논문, 2000.

황미혜 · 도복늠, 「노인이 지각한 건강상태, 사회적 지지와 자가 간호역량」, 『경북 간호과학지』, 4(1), 43-57, 2000.

Abler, R. M., "Cognitive/Behavioral and Relational/Interpersonal Group Counseling: Effects of an Eight-week Approach on Affective Status among Independent-living Elderly Adults", *Dissertation Abstracts International* 51(02), 969B(UMI No. 9012431), 1990.

Alter, Catherine & Marcia Egan, "Logic Modeling: A Tool For Teaching Critical Thinking In Social Work Practice", *Journal of Social Work* Education, 33(1), 85-102, 1997.

Angus, J. & Reeve, P., "Ageism: A threat to "aging well" the 21st Century", *The Journal of Applied Gerontology*, 25(2), 137-152, 2006.

Arber, S. & Cooper H., "Gender difference in Health in Later Life: the New Paradox?", *Social Science & Medicine*, 48, 61-76, 1999.

Atchley, R. L., *Social Forces and Aging*(9th ed). Belmont, CA: Wadsworth, 2000.

Barry, A. & Yuill C., *Understanding the Sociology of Health*, SAGE Publications Ltd, 2008.

Benson, L., Nelson, E. C., Napps, S. E., Roberts, E., Kane-Williams, E. & Salisbury, Z. T., "Evaluation of The Staying Healthy After Fifty Educational Program; Impact on Course Participants", *Health Education Quarterly*, 16(4), 485-508, 1989.

Berkman, L. F., "The Relationship of Social Networks and Social Support to Morbidity and Mortality", In S. Cohen & S. L. Syme(eds.). *Social Support and Health*, Orlando, FL: Academic Press, 1985.

Roberts, L. B., Dunkle, R. & Haug, M., "Physical, Psychological, and Social Resources as Moderators of the Relationship of Stress to Mental Health of the Very Old", *Journal of Gerontology: SOCIAL SCIENCES*, 49(1), S35-S43, 1994.

Bianchi, E., *Aging as a Spiritual Journey*, New York: Crossroad, 1982.

Bianchi, E. & Moody, H. R., "From Successful Aging to Conscious Aging", In M. L. Wykle, P. J. Whitehouse & D. L. Morris(eds.), *Successful Aging Through the Life Span: Intergenerational Issues in Health*, New York: Springer Publishing Company, 2005.

Branch, L. F. & Jette, A. M., "Personal Health Practice and Mortality Among the Elderly", *American Journal of Public Health*, 74(10), 1126-1129, 1984.

Bosworth, K. & Schaie, W., "The Relationship of Social Environment, Social Networks, and Health Outcomes in the Seattle Longitudinal Study: Two Analytical Approaches", *Journal of Gerontology*, 52(5), 197-205, 1997.

Buckhardt, C. S., "The Effect of Therapy on the Mental Health of the Elderly", *Research in Nursing and Health*, 10, 277-285, 1987.

Butler, J. Thomas, *Principles of Health Education & Health Promotion,* Wadsworth, 2001.

Chou, K., Chi, E. & Chow, N. W. S., "Sources of Income and Depression in Elderly Hongkong Chinese: Mediating and Moderating Effects of Social Support and Financial Strain", *Aging and Mental Health*, 8(3), 212-221, 2004.

Davis, L. A. & Chesbro, S. B., "Integrating Health Promotion, Patient Education and Adult Education Principles with the Older Adult: A Perspectives for Rehabilitation Professionals", *Journal of Allied Health*, 32(2), 2003.

Donatelle, R. J. & Davis, L. G. *Access to health(5th ed.),* Boston: Allyn & Bacon, 1998.

Dugan, E. & Vira, K., "The Importance of Emotional and Social Isolation to Loneliness Among Very Old Rural Adults", *The Gerontologist*, 34(3), 340-346, 1994.

Duke, I. T., *Latter-Day Saint Social Life: Social Research on the LDS Church and its*

Members. Provo, UT: BYU Religious Studies Publications, 1998.

Dunkle, R. E., Roberts, B. L. & Haug, M. R., *The Oldest Old in Everyday Life: Self Perception, Coping with Change, and Stress,* New York: Springer, 2001.

Emery, C. F. & Gatz, M., "Psychological and Cognitive Effects of an Exercise Program for Community Residing Old Adults", *The Gerontologist,* 30(2), 184-188, 1990.

Engels, G. I. & Verney, M., Efficacy of Nonmedical Treatments of Depression in Elders: A Quantitative Analysis, *Journal of Clinical Gerontological Psychology*, 3, 17-35, 1997.

FallCreek, S. & Stam, S. B., *The Wallingford Wellness Project-An Innovative Health Promotion Program with Older Adults*, Center for Social Welfare Research, School of Social Work, University of Washington, 1982.

FallCreek, S., Warner-Reitz, A. & Mettler, M. H., "Designing Health Promotion Programs for Elders", In K. Dychtwald, J. MacLean(eds.). *Wellness and Health Promotion for the Elderly,* Aspen Publication, 1986.

Ferrini, R., Edelstein, S. & Barrett-Connor, E., "The Association between Health Belief and Health Behavior Change in Older Adults", *Preventive Medicine,* 23, 1-5, 1994.

Ferraro, F. R., Muehlenkamp, J. J., Paintner, A., Wasson, K., Hager, T. & Hoverson, F., "Aging, Body Image, and Body Shape", *The Journal of General Psychology*, 135(4), 379-392, 2008.

Fry, P., "Cognitive Training and Cognitive Variables in the Treatment of Depression in the Elderly", *Clinical Gerontologist*, 3, 25-45, 1984.

Fu, D., Fu, H. M., Shen, Y., Zhu, L., Yang, H., Mao, J., Zhu, S., Ding, Y. & Wei, Z., "Implementation and Quantative Evaluation of Chronic Disease Self-management Programme in Shanghai, China: Randomized Controlled Trial", *Bulletin of the World Health Organization*, 81(3), 174-182, 2003.

Gallant & Dorn, "Gender and Race differences in the Predictors of Daily Health Practices Among Older Adults", *Health Education Research*, 16(1), 21-31, 2001.

Gazmararian, J., Baker, D., Parker, R. & Blazwer, D., "A Multivariate Analysis of Factors Associated with Depression", *Archives of Internal Medicine,* 160, 7-331, 2000.

Gorden, C., Gaitz, C. M. & Shanas, E.(eds.), *Handbook of Aging and the Social Sciences,* 310-341.

Graham, J. A. & A. J. Jouhar, "The Importance of Cosmetics in the Psychology of

Appearance", *International Journal of Dermatology*, 22(3), 153-156, 1983.

Harber, D., 지역보건연구회 역, *Health Promotion and Aging* 『고령화 사회의 노인 건강증진』, 보문각, 2006.

Haber, D. & Looney, C., "Health Promotion Directory: Development, Distribution, and Utilization", *Health Promotion Practice*, 4, 72-77, 2003.

Haber, C. & Looney. C., "Health Contract Calendars: A Tool for Health Professionals with Older Adults", *The Gerontologist*, 40, 235-239, 2000.

Hand, S. E., "What It Means to Teach Older Adults", In A. Hendrickson(ed). *A Manual on Planning Educational Programs for Older Adults*. Tallahassee, FL: Florida State University, 1973.

Harris, D. K. & Cole, W. E., *Social of Aging*, 최신덕 역, 『노년사회학』, 하나의학사, 1998.

Hayes, Ross, "Concern with Appearance, Health Believes and Eating Habits", *Journal of Health and Social Behavior*, 28, 120-130, 1987.

Hawrani, P., "Preventing Health Problems After Age of 65", *Journal of Gerontological Nursing*, 17(11), 20-25, 1991.

Heidrich, S. M., "Health Promotion in Old Age", *Annual Review of Nursing Research*, 16, 173-195, 1998.

Hong, K. L. & Duff, W. R., "Widows in Retirement Communities: The Social Context of Subjective Well-being", *The Gerontologist*, 34, 1994.

House, J. S., Lepkocvski, J. M., Kinney, A. M., Mero, R. P., Kessler, R. C. & Herzog, A. R., "The Social Stratification of Aging and Health", *Journal of Health and Social Behavior*, 35(3), 213-234, 1994.

House, S. & Kahn, L., "Measurement and Concepts of Social Support", In S. Cohen, & S. L. Syme(eds.). *Social Support and Health*, Orlando, Academic Press, 1985.

Ingersoll-Dayton, B. Morgan, D. & Antonucci, T., "The Effect of Positive and Negative Social Exchanges on Aging Adults", *Journal of Gerontology*, 52B(4), S190-199, 1997.

Insel, P. M. & Roth, W. T., Core concepts in health(8th ed.). *Mountain View*, CA: Mayfield, 2000.

Jan De Vries, *Emotional Healing*, Mainstream, Edinburg, 2007.

Jang, Y., Chiriboga, D. A., Kim, G. & Phillips K., "Depressive Symptoms in Four Racial and Ethnic Groups", *Research on Aging*, 30(4), 488-502, 2008.

Jerrold S. G., *Health Education and Health Promotion: Learner-Centered Instructional Strategies*,

Fifth Edition, New York: McGraw-Hill, 2004.

Jonathan, F., "The Effect of Leisure Activity on Depression in the Elderly", *Occupational Therapy in Health Care,* 13(1), 45-41, 2000.

Kahn, R. L., "Successful Aging: Intended and Unintended Consequences of a Concept", In L. Poon, S. Gueldner & B. Sprouse(eds.), *Successful Aging and Adaptation with Chronic Disease.* New York: Springer Publishing Company, 2003.

Kessler, R. C. & McLeod, J. D., "Social Support and Mental Health in Community Samples", In S. Cohen & S. L. Syme(eds.). *Social Support and Health,* New York: Academic Press, 1985.

Keyes, C. L. M., "The Exchange of Emotional Support with Age and Its Relationship with Emotional Well-being by Age", *Journals of Gerontology,* 57, 518-525, 2002.

Klemmack, D. L. & Roff, L. L., "Fear of Personal Aging and Subjective Well-being in Later Life", *Journal of Gerontology,* 39, 756-758, 1984.

Krause, N. "Social Support, Stress, and Well-being Among Older Adults", *Journal of Gerontology,* 41. 4. 512-519, 1986.

Krause, N., "Perceived Health Problem, Formal/Informal Support, and Life Satisfaction Among Older Adults", *Journal of Gerontology,* 45(5) S193-S205, 1990.

Krause, N., "Negative Interaction and Satisfaction with Social Support Among Older Adults", *Journal of Gerontology,* 50, 59-73, 1995.

Kause, N., Ingersoll-Dayton, B., Ellsion, C. G. & Wulff, K. M., "Aging, Religious Doubt, and Psychological Well-being", *Gerontologist,* 39, 525-533, 1999.

Kite, E. M. & Wagner, S. L., *Ageism: Stereotyping and Prejudice Against Older Persons,* Todd D. Nelson(Ed.), Massachusetts: The MIT Press, 2002.

Kristiansen, "The Role of Values in the Relation Between Gender and Health Behavior", *Social Behavior,* 5, 133-157, 1990.

Kubzansky, L. D., Berkman, L. F. & Seeman, T. E., "Social Conditions and Distress in Elderly Persons", *The Journals of Gerontology,* 55B(4), 238-246, 2000.

Lang, F., "Regulation of Social Relationships in Later Adulthood", *Journal of Medical News,* 5-7, 2001.

Larson, R., Auzanek, J. & Mannel, R., "Being Alone Versus Being with People: Disengagement in the Daily Experience of Older Adults", *Journal of Gerontology,* 40(3), 375-381, 1985.

Lazaus, R. S. & Folkman, S., *Stress, Appraisal, and Coping,* New York: Springer Publishing Company, 1984.

Leung, S. N. M. & Orrell, M. W., "A Brief Congnitive Behavioral Therapy Group for the Elderly: Who Benefits?", *International Journal of Geriatric Psychiatry*, 8, 593-598, 1992.

Lin, N. & Dean, P., "Social Support and Depression: Apanel Study", *Social Psychiarty*, 19, 83-91, 1984.

Maguire, L., 『사회지지체계론』, 장인협, 오세란 역, 사회복지실천연구소, 1996.

Marieke J. G., Van H., Gertrudis I. J., Kempen M., Johan O. & Peit R., "Physical Fitness Related to Age and Physical Activity in Older Persons", *Medicine and Science in Sports Medicine*, 1998.

Marmot, M., *The Status Syndrome, Henry Holt and Company*, 김보영 역, 『사회적 지위가 건강과 수명을 결정한다』, 에코리브르, 2006.

Martin, L. L. & Kettner, M. P., *Measuring the Performance of Human Service Programs*, 정무성 역, 『프로그램 성과평가』, 나눔의 집, 1997.

Markid, M. P. & Mindel, C. H. *Aging and Ethnicity*, Newbury Park Sage Publication, 1987.

McWilliam, C. L., Stewart M. & Brown, J. B., "Creating Empowering Meaning: an Interactive Process of Promoting Health with Chronically Ill Older Canadian", *Health Promotion International*, 12(2). 111-123, 1997.

Moos, R. H. & Mitchell, R. E., "Social Network Resources and Adaption: A Conceptual Framework", In T. A. Wills(ed.), *Basic Processes in Helping Relationships*, New York: Academic Press, 213-232, 1982.

Morris J. N., "Last Days: A Study of the Quality of Life Terminally III Cancer Patients", *Journal of Chronic Disease*, 39(1), 47-62, 1996.

Mloney, S. K., Fallon, B. & Wittenberg, C. K. "Study of Seniors Identifies Attitudes, Barriers to Promoting their Health", *Promoting Health*, 5, 6-8, 1984.

Norton, C. M., Skoog, I., Franklin, M. L., Corcoran, C., Tschanz, T. J., Breitner, C. S. J., Welsh-Bohmer, Kathleen A. K., Steffens, C. D. & for the Cache County Investigators, "Gender Differences in the Association Between Religious Involvement and Depression: The Cache County(Utah) Study", *Journal of Gerontology: PSYCHOLOGICAL SCIENCES*, 61B(3). 129-136, 2006.

Pastorino, C. A. & Dickey, T., "Health Promotion for the Elderly: Issues and Programming Planning", *Orthopedic Nursing*, 9(6). 36-42, 1990.

Patricia, M. B., Cynthia, A. P. & Claudio, R. N., "Changing Health Behaviors of Older Adults", *Journal of Gerontological Nursing*, 26-33, 2000.

Pender, N. J., "Attitudes Subjective Norms and Intentions to Engage in Health Behaviors", *Nursing Research*, 35(1), 81-15, 1987.

Pender, N. J., "Predicting Health-Promoting Lifestyle in the Work Place", *Nursing Research*, 39(6), 326-332, 1987.

Pender, N. J. & Pender, A. R., Health Promotion in *Nursing Practiced*. 2nd ed. Norwalk. CT: Appleton & Lange, 1987.

Pender, N. J., "Health Promotion and Nursing", *Proceeding of the First International Conference*, Oct. 26-28, 1999.

Pender, N. J., Murdaugh C. L. & Parsons M. A., *Health Promotion in Nursing Practice*, Pearson Education, 2006.

Penninx, B. W., Guralnik, J. M., Ferrucci, L., Simonsick, E. M., Deeg, D. J. & Wallace, R. B., "Depressive Symptoms and Physical Decline in Community-Dwelling Older Persons", *Journal of American Medical Association*, 279(21), 1720-1726, 1998.

Pilisuk, & Froland, C., "Kinship, Social Networks, Social Support and Health", *Social Science and Medicine,* 12B, 273-280, 1978.

Prohaska, T., Belansky, E., Belza, B., Buchner, D., Marshall, V., McTigue, K., Satariano W. & Wilcox, S., "Physical Activity, Public Health, and Aging: Critical Issues and Research Priorities", *Journal of Gerontology: Social Sciences,* 61B(5). S267-273, 2006.

Rensnick, B., "Health Promotion Practices of the Older Adult", *Public Health Nursing*, 17(3), 160-168, 2000.

Revicki, D. A. & Mitchell, J. P., "Strain, Social Support and Mental Health in Rural Elderly Individuals", *Journal of Gerontology*, 45(6), 267-274, 1990.

Robert, B. L., Dunkel, R. & Haug, M., "Physical, Psychological, and Social Resources as Moderators of the Relationships of Stress to Mental Health of the Very Old", *Journal of Gerontology*, 49(1), S35-S43, 1994.

Rowe, W. J. & Kahn L. R., *Successful Aging*, Random House, 1998.

Sheikh, J. I. & Yesavage, J. A., Geriatric Depression Scale(GDS), "Recent Evidence and Development of a Shorter version", *Clinical Gerontologist,* 5, 165-172, 1986.

Sheryl, H. M., "Depression, Anxiety, and Stress among the Elderly: A Comparison of Treatment Outcome between Two Cognitive-Behavioral Interventions", *Dissertation Abstracts International*, 58(08), 4458B(UMI N0. 9805037), 1998.

Siporin, M., *Introduction to Social Work Practice*, New York: Macmillan, 1975.

Singh, N., Clements, K. & Singh, M., "The Efficacy of Exercise as a Long-term Antidepressant in Elderly Subjects: A Randomized, Controlled Trial", *The Journals of Gerontology*, 56(8), M497-499, 2001.

Strawbridge, W. J., Walhagen M. I. & Cohen, R. D., "Successful Aging and Well-Being: Self-Rated Compared With Rowe and Kahn", *The Gerontologist*, 42(6). 727-733, 2002.

Trino T., Nathanson, I. & Langer, N. *Elder Practice*, South Carolina: University of South Carolina Press, 1996.

Tsuji, Y., "An Organization for the Elderly by the Elderly: A Senior Centers in the United States", In Sodolovsky, J.(eds), *The Cultural Contest of Aging*, Bergin & Garvey, 1997.

Forman-Hoffman, L .V., Yankey, W. J., Hillis, L. S., Wallace, B. R. & Wolinsky, D. F., "Weight and Depressive Symptoms in Older Adults: Direction of Influence?", *Journal of Gerontology: Social Sciences*, 62B(1). S43-S51, 2007.

Walker, S. N., Sechrist, K. R. & Pender, N. J. "The Health Promoting Lifestyle ProfileII: Development and Psychometric Characteristics", *Nursing Research*. 36(2), 1987.

Walker, S. N., Sechrist, K. R. & Pender, N. J., "The Health Promoting Lifestyle ProfileII: College of Nursing", University of Nebraska Medical Center. Omaha, 1995.

WHO, "Burden of Mental and Behavioral Disorder", In *World Health Report*, Geneva, World Health Organization. 19-46, 2001.

부록

일련번호	

통합적 노인건강증진 프로그램 면담지

안녕하십니까?

　본 조사는 여성노인들의 건강증진을 위해 노인학교 등 노인여가복지시설에서 활용할 수 있는 프로그램을 개발하기 위하여 실시하는 것입니다. 번거로우시더라도 협조하여 주시면 귀중한 자료로 사용하겠습니다.
　본 조사는 통계처리 등 연구 목적으로만 사용되며 개인의 비밀이 보장됨을 약속드립니다. 귀하의 의견으로 노인건강 프로그램 개발에 큰 도움이 될 수 있도록 협조 부탁드리며, 더욱 건강하시고 행복하시기를 기원합니다.

2009년 10월
백석대학교 한현숙

◆◆ 면담지 작성 시 참고사항 ◆◆

1. 본 조사지는 어르신과 조사원의 일대일 면접을 통하여 이루어집니다.
2. 이 면담은 현재 노인학교에 다니시고 있는 65세 이상 여성노인을 대상 으로 합니다.
3. 본 조사는 정답이 있는 것이 아니고 어르신의 평소 생활과 행동, 생각과 느낌을 솔직하고 편안하게 나타내는 것이 중요합니다.
4. 쉽게 이해되지 않는 부분이 있으면 면담원에게 질문하시고 편안하게 답하여 주시기 바랍니다.

응답자 성명 :	응답자 전화번호 :
면담지 작성자 :	

일반적 배경

1. 귀하의 연령은? 만 ＿＿＿세

2. 귀하의 학력은?
    1) 무학　　　　　　2) 초등졸　　　3) 중등졸
    4) 고등졸　　　　　5) 전문대졸 이상

3. 현재 귀하의 혼인 여부는?
    1) 예(유배우자)　　2) 아니요(무배우자)

4. 귀하의 가구형태는?
    1) 독거노인　　　　2) 노인부부
    3) 노인단독+가족　4) 노인부부+가족

5. 현재 귀하의 경제 상태는 어떠하다고 생각하십니까?
    1) 매우 어렵다　　2) 어렵다　　　3) 보통이다
    4) 여유가 있다　　5) 매우 여유가 있다

주관적 건강상태

1. 현재 본인의 건강은 어떠하다고 생각하십니까?
    1) 매우 건강하다.   2) 건강하다.   3) 보통이다.
    4) 건강하지 못하다.   5) 매우 건강하지 못하다.

2. 비슷한 나이의 다른 노인들에 비해 본인의 건강은 어떻다고 생각하십니까?
    1) 더 건강하다.   2) 비슷하다.   3) 덜 건강하다.

건강행위 척도

다음의 문항들은 귀하의 평소 생활습관에 대한 조사입니다. 귀하의 생활과 가장 가깝다고 생각되는 항목에 ∨표시를 해주십시오.

문항	전혀 없다	가끔 있다	자주 있다	항상 있다
1. 개인적인 문제와 관심을 가까운 사람에게 이야기한다.				
2. 지방, 콜레스테롤, 포화 지방이 낮은 음식을 선택한다.				
3. 일상생활에서 이상 증후, 증상이 나타나면 의사나 혹은 다른 건강전문가들에게 말한다.				
4. 계획을 세우고 운동을 한다.				
5. 충분하게 잠을 잔다.				
6. 내가 긍정적인 방향으로 변화, 성장하고 있다고 느낀다.				
7. 다른 사람들이 잘한 일에 대하여 칭찬을 잘한다.				
8. 설탕이나 단것이 많이 들어간 음식을 제한한다.				
9. 건강증진 관련 TV프로그램을 보거나 글을 읽는다.				
10. 일주일에 적어도 3번 정도 20분 이상 격렬한 운동을 한다(수영, 자전거, 에어로빅, 계단 오르기, 힘차게 걷기).				
11. 매일 편안히 쉴 수 있는 휴식 시간을 갖는다.				
12. 나는 내 삶에 목적이 있다고 믿는다.				
13. 의미 있고 만족스러운 대인관계를 유지한다.				
14. 나는 하루에 밥을 세끼는 먹는다.				
15. 건강전문가(의사, 약사, 간호사 등)들의 지시를 이해하기 위해 그들에게 질문을 한다.				
16. 가볍거나 중간정도의 적딩한 신체운동을 한다(일주일에 5번 이상 30~40분 정도의 산책).				
17. 나의 삶에서 변화할 수 없는 것은 받아들인다.				
18. 나는 미래를 기대한다.				
19. 가까운 친구와 시간을 보낸다.				
20. 매일 규칙적으로 과일을 먹는다.				
21. 내 건강을 살펴주는 사람들의 조언에 의문이 생길 때는 다른 의견들을 들어보려 한다.				

문항	전혀 없다	가끔 있다	자주 있다	항상 있다
22. 신체활동의 여가시간을 갖는다(수영, 춤, 자전거 타기 등).				
23. 잠들기 전에 즐거운 생각에 집중한다.				
24. 나는 만족감과 평화로움을 느낀다.				
25. 다른 사람들에게 관심과 사랑, 따뜻함을 전달하는 법을 잘 알고 있다.				
26. 매일 채소를 충분하게 먹는다.				
27. 내 건강에 관하여 건강전문가들과 상의를 한다.				
28. 일주일에 최소 3회 이상 스트레칭 운동을 한다.				
29. 스트레스를 조절하는 특별한 방법을 사용한다.				
30. 나는 인생의 장기적인 목적을 향해 살아가고 있다.				
31. 나는 내가 소중하게 생각하는 사람들과 잘 지내고 있다.				
32. 나는 매일 우유, 요구르트, 혹은 치즈 등을 2~3회 먹는다.				
33. 최소한 한 달에 한 번 정도는 신체적 변화나 위험신호를 알기 위해 몸을 관찰한다.				
34. 일상생활 속에서 운동을 한다(점심시간에 걷기, 엘리베이터 사용 대신 걷기 등).				
35. 나는 일하는 시간과 노는 시간의 균형을 잘 맞춘다.				
36. 매일 흥미롭고 도전할 만한 것들을 찾는다.				
37. 친밀한 교제를 나눌 만한 자리를 찾는다.				
38. 매일 2~3회 정도 고기, 생선, 견과류, 계란 등을 먹는다.				
39. 나의 건강을 돌보는 방법에 대해 건강전문가들에게 정보를 구한다.				
40. 운동할 때 나의 맥박을 확인한다.				
41. 매일 15~20분 동안 명상이나 기도를 한다.				
42. 나는 내 인생에서 중요한 것이 무엇인지 깨닫고 있다.				
43. 돌봐주는 사람들의 지원망으로부터 지원을 받고 있다.				
44. 상품화된 음식을 살 때 영양소, 지방, 염분 등 성분표시를 읽고 산다.				
45. 개인건강을 돌보는 교육 프로그램에 참석한다.				
46. 내가 할 수 있는 한도에서 최대한으로 운동을 한다.				
47. 피로를 예방하기 위해 스스로 조절한다.				
48. 나보다 더 큰 어떤 큰 힘과 연결되어 있다고 느낀다.				
49. 다른 사람들과 갈등이 생길 때는 대화와 타협을 통해 해결한다.				
50. 아침을 먹는다.				
51. 필요할 때는 상담이나 지도를 받으려 노력한다.				
52. 새로운 경험과 도전을 즐긴다.				

우울척도

지난 2주일간 기분이 어떠한지 답하여 주십시오.(예, 아니요)

문항	예	아니요
1. 기본적으로 자신의 생활에 만족합니까?		
2. 전에 하던 취미생활이나 활동을 많이 중단했습니까?		
3. 생활이 공허하다고 느낍니까?		
4. 흔히 지루하게 느낍니까?		
5. 보통 기분이 좋은 상태입니까?		
6. 앞으로 불행한 일이 생길 것을 염려합니까?		
7. 대부분의 경우 행복하다고 느낍니까?		
8. 흔히 자신이 무력하다고 느낍니까?		
9. 밖에 나가서 새로운 일을 하는 것보다는 집에 있는 것을 더 좋아합니까?		
10. 다른 사람보다 더 기억력에 문제가 있다고 생각하십니까?		
11. 살아 있는 것이 행복한 일이라고 생각하십니까?		
12. 자신이 가치 없는 인생이라고 생각하십니까?		
13. 힘이 넘치는 상태입니까?		
14. 자신의 상태가 희망이 없는 상태라고 느낍니까?		
15. 다른 사람들은 당신보다 더 나은 상태라고 생각하십니까?		

〈부록 2〉 통합적 건강증진 프로그램의 내용 및 사회복지사의 역할

▶ 프로그램 내용

1. 건강교육(30분)

1회: 만성질환관리 Ⅰ - 고혈압

2회: 만성질환관리 Ⅱ - 당뇨

3회: 올바른 약물복용 - 고령자 약물투여의 특성, 노인의 약물의존 및 남용이유

4회: 노인과 영양 - 식사의 조건과 의의, 노인의 생리와 식사, 식사와 환경, 한국노인의 영양문제, 노인 식단 시 유의사항 등

5회: 노인과 운동 - 노인의 신체적 특징과 운동

운동처방의 실제(근력과 지구력, 심폐지구력, 유연성, 평행과 운동감각)

- 노인의 운동 시 주의사항

- 노인건강증진을 위한 운동프로그램

준비운동, 정리운동: 동그라미 체조

6회: 노인과 사회 - 가족관계의 이해, 지역사회 내에서의 노인

7회: 노인과 사회 - 응급상황 발생 시 대처요령(응급 연락처, 준비물, 응급실에 대한 이해)

- 의료인과의 대화 시 도움 되는 내용(건강상태 및 투약 등에 대한 설명 요령, 병원의 시스템에 대한 이해, 상담 시 유의점)

2. 집단토의(35분)

1) 목표

① 노인들이 내적(covert)으로 갖고 있는 노화에 대한 인식들을 외
적인(overt) 대화로 표현하고 노인들의 외적인 대화의 수정을 통
해 내적인 대화의 수정 유도

② 노화에 대한 잘못 된 편견에 도전함으로써 패배적 사고에서 긍정
적 사고로의 전환(논리성, 타당성, 적응성, 긍정적 행동의 강화)

③ 전통사회의 가치로 현대사회를 살아가야 하는 현재 노인들의 어
려움을 나눔으로써 공감대를 형성하고 상호 지지의 장을 마련

④ 현대사회의 새로운 가족구조와 문화, 그리고 사회적 변화에 대
한 논의를 통해 가족과 지역사회 내에서의 새로운 노인의 역할
에 대한 의견 도출 시도 노력

2) 내용

1회: 노화에 따른 신체적 변화에 대한 이해(노화에 따른 신체적 변
화의 역기능적 편견에 대한 논의와 인식의 재구조화, 일상적
기능유지의 중요성과 이를 위한 노력에 대한 논의)

2회: 노화에 따른 심리적 변화에 대한 이해(노년기의 심리적 변화
를 자연스럽게 받아들이기 및 노인 우울감에 대한 논의, 정신
건강을 지키기 위한 생활수칙에 대한 논의)

3회: 노인과 가족에 대한 논의(전통적 가족관계와 현대적 가족관계
에서의 차이, 가족 내 노인의 역할에 관한 논의, 성인 자녀 및
손자녀와의 관계에 관한 논의)

4회: 노인과 지역사회(전통사회와 현대사회에서의 노인의 역할의

차이, 지역사회 내 노인 관련 서비스에 대한 정보제공, 노인건
강관련 자조모임을 위한 토론)

3. 노인생활체조(35분)

1) 목표

본 운동을 통해 노인들의 체력유지 증진과 노인성질환 예방, 그리
고 사회적·정서적 안정을 도모한다.

2) 내용

가. 준비운동(동그라미 체조) - 조용한 음악과 함께(2분 30초)

발목 돌리기, 무릎 돌리기, 허리 돌리기, 어깨 돌리기, 목 돌리
기, 깍지 끼고 하늘 보기, 깍지 끼고 좌·우 굽히기, 전신스트
레칭

나. 보조운동(걷고 가볍게 뛰기) - 행진곡 리듬에 맞춰(6분 30초)

리듬에 맞춰 다양한 스텝과 방향, 형태를 바꿔가며 걷는다.

다. 본 운동(숫자체조, 시계체조, 탁탁체조)(18분)

숫자체조: 몸통, 상체, 하체로 숫자를 그려보며 유연성과 근력
을 키운다.

시계체조: 시계모양으로 돌리고 팔을 벌리며 스트레칭을 한다.

탁탁체조: 양손을 이용하여 관절부분과 근육을 탁탁 두드려 풀
어준다.

라. 정리운동(동그라미 체조) - 조용한 음악과 함께(3분)

발목 돌리기, 무릎 돌리기, 허리 돌리기, 어깨 돌리기, 목 돌리
기, 깍지 끼고 하늘 보기, 깍지 끼고 좌·우 굽히기, 전신스트레

칭(숨쉬기를 집중적으로)

4. 특별활동(레크리에이션, 뷰티케어 등)

1) 실버 레크리에이션

• 목적

집단 레크리에이션 활동을 통해 성원들의 참여 흥미를 개발하여 자발적 참여를 유도하고, 집단 내 원만한 관계형성으로 정서적 안정을 도모한다.

• 목표

① 집단 참여 시 어색함을 줄이고 친밀감을 형성한다.

② 게임 참여 등을 통해 자기 표현력을 향상시키고 자신감을 갖게 함으로써 집단 참여에 대한 심리적 안정감을 준다.

• 활동내용

환영인사, 서로의 이름 알기, 다양한 박수놀이, 노래하기, 아이집 세트를 이용한 게임 등등

2) 여성노인 뷰티케어(프로그램명: 연지곤지)

• 목적

뷰티케어(메이크업, 미용, 네일케어 서비스 제공) 서비스를 통해 여성노인들의 여성성에 대한 인식 및 자존감 향상을 통한 정서적 지지를 그 목적으로 한다.

• 목표

① 여성노인들의 내재된 여성성의 확인과 그에 대한 인식 제고

② 뷰티케어 서비스를 통한 가족 간의 관심과 의사소통 유도

③ 서비스 제공 시 여성노인들의 과거와 현재의 삶에 대한 대화 유도

④ 자연스러운 스킨십을 통한 정서적 지지

• 활동내용

① 여성노인들의 피부미용케어

② 메이크업과 미용 서비스

③ 네일케어-색깔 고르기, 패턴 그리기 등

※ 프로그램 운영 시 사회복지사의 역할

① 촉진자(Facilitator): 프로그램 기획, 진행 및 참여자 독려

② 중개자(Broker): 지역사회 자원 연결

③ 교사(Teacher): 건강 정보 제공, 프로그램 진행

④ 상담가(Counselor): 집단상담 및 토의 진행

⑤ 연구자(Researcher): 프로그램 사전 사후 평가

⑥ 가능자(Enabler): 집단 구성 및 프로그램 기획 진행

〈부록 3〉 통합적 노인건강증진 프로그램 활동일지

(9.8.클럽 - 내 몸 사랑 지금부터!)

제1회기

일시: 2009년 10월 7일(수), 10일(토)

장소: ○○교회 3층 회의실 및 교육실

1. 프로그램 들어가기(프로그램 도입 및 사전조사)

1) 목표

a. 집단의 목적 및 성원 간 소개

b. 집단참여를 통한 성원 간 기대규명

c. 객관적 척도(건강행위 및 우울 측정)를 통한 사전조사 자료 구축

2) 준비물

명찰, 설문지, 볼펜

3) 방법

a. 프로그램의 목적 및 진행 일정과 방법에 대한 설명

b. 집단 구성원 개인별 자기소개 및 집단에 대한 기대를 토론

c. 건강행위(HPLP) 및 우울측정 도구를 사용하여 사전조사 실시

4) 객관적 평가

a. 자기소개: 대부분 성원이 자기소개 및 참여동기 발표 시 쑥스러 워함.

b. 집단의 명칭논의: 성원들 대부분이 만성질환을 보유하고 있음에 도 건강 유지에 대한 강한 의지를 갖고 있었으며 이러한 의시를 동기화하고 반영할 수 있는 집단명칭을 짓자는 의견에 일치 (수복, 활력, 참행복, 9.8.클럽 중 9.8.클럽으로 결정: 99세 이상 88 하게 살도록, 구호: 내몸사랑 지금부터!)

c. 사전 설문조사: 건강 관련 설문과정 자체에 흥미를 보이며 스스 로의 생활을 돌아보는 계기가 되었다는 반응을 보임.

5) 진행자 평가

a. 어르신들이 건강 관련 모임이라는 점에 흥미를 보임: 본인의 건 강에 다른 누군가가 관심을 가져준다는 점 자체로 사회적 지지를 받고 있다고 느끼며 고마운 마음들을 표현하는 성원들이 많았음.

b. 본인 소개 시 자신을 표현하는 것에 쑥스러움을 표시하면서도 발표 후 뿌듯한 표정과 태도를 보이는 것을 보아 사회적인 인정 을 받고 있다는 느낌들을 비언어적 태도로 표현함.

2. 프로그램 사전 체격 및 생리지수, 기초체력 측정

1) 목표

참여성원의 체격 및 생리지수, 기초체력 측정을 통한 프로그램 조 사 자료 구축

2) 준비물
혈압기, 신장측정기, 체중계, 체전굴, 악력계, 평형판

3) 방법
a. 체격 및 생리지수-신장, 몸무게, 혈압, 체지방을 측정 기록
b. 기초체력-유연성 평가(체전굴로 허리 굽혀 양팔 뻗기), 악력평가
   (악력계 쥐고 당기기), 평형성(평형판 위에서 양팔 벌리고 한 다
   리 들고 서기)

4) 객관적 평가
측정 시 서로의 자료를 비교하며 건강과 관련한 대화를 많이 나눔.
특히 평형성 측정 시 개인차가 커서 더 많은 얘기들을 나눔.

5) 진행자 평가
a. 혈압, 키, 몸무게 등을 측정하면서 본인 건강에 더 많은 관심 보임.
b. 본인뿐 아니라 타 성원들의 건강에 관심을 보이며 건강 관련 대
   화를 많이 나누게 됨

3. 실버레크리에이션 I
1) 목표
새로운 성원들이 협동심을 갖고 마음을 여는 계기를 마련함.

2) 준비물
색깔별 풍선

3) 방법

a. 풍선을 손으로 쳐 올리고 내려오는 시간까지 일정 박자의 박수 유도

b. 내려오는 풍선을 어깨, 손, 엉덩이, 그리고 발로 받아치는 동작을 반복

c. 2인, 4인씩 한 조가 되어 각각 다양한 색의 풍선을 던졌다가 진행자가 부르는 색깔의 풍선을 먼저 잡음.

d. 전체 구성원이 원을 그리고 풍선을 던졌다가 진행자가 부르는 색 풍선을 먼저 잡으면서 점수를 줌.

4) 객관적 평가

a. 간단한 도구와 동작으로 노인들에게 적합한 저강도의 신체적 활동 제공

b. 풍선의 다양한 색깔과 촉감을 느끼며 즐거워함.

5) 진행자 평가

a. 팀활동을 통해 성원들 끼리 자연스럽게 마음을 열수 있는 형식을 도입. 성원들과 집단 지도자 간 어색한 초기회기에 적합한 활동으로 생각됨.

b. 진행자가 박수를 지시할 때 노인들의 집중력이 증가하는 느낌을 받음(풍선이 떨어지는 짧은 시간 동안에 지정된 박수 횟수를 맞추기 위해 노력-성공 시 상당한 성취감을 느끼는 듯함).

c. 팀별 혹은 개인 간 경쟁심을 갖게 함으로써 적극적인 참여 유도 가능

제2회기

일시: 2009년 10월 14일(수), 17일(토)

장소: ○○교회 3층 회의실 및 교육실

1. 건강증진교육Ⅰ(주제: 만성질환관리교육 Ⅰ-고혈압)

1) 목표

대표적 만성질환인 고혈압에 대한 기본지식 및 대처방법에 대한 이해

2) 준비물

a. 만성질환 관련 소책자(한평범 씨의 고혈압 탈출기-K구 보건소)

b. 어르신 체험형 교육자료(기본형)-서울시, KHDI

c. 노인건강증진과 예방관리-대한노인회 경로당 교재

3) 방법

a. 책자를 통해 고혈압의 원인, 증상과 진단, 예방과 관리에 관한 강의

b. 고혈압에 관한 체험형 교육자료 활용

c. 과제를 부여함으로써 강의내용을 생활 속에서 활용할 수 있도록 유도

4) 객관적 평가

a. 만화그림이 많은 강의교재와 체험형 교육자료에 많은 관심들을 보임.

b. 대집단 강의가 아닌 소집단 교육으로 교육내용과 관련한 개인적 의견교환이 가능하여 만족도가 높음.

5) 진행자 평가
a. 고혈압에 대한 위험성과 심각성을 충분히 인식하는 계기를 마련함.
b. 체험형 교육자료에 특히 많은 관심을 보이는 것을 볼 때, 노인들의 제반 환경을 고려한 노인대상 교재의 연구개발이 절실히 요구됨.
c. 노인교육에 적합한 실용적이며 참여적인 교수법 활용이 특히 중요함.

2. 노인집단상담 I (주제: 노화로 인한 신체적 변화에 대한 이해)
1) 목표
a. 자연스러운 노화로 인한 신체적 변화와 병리적인 노화의 차이에 대한 이해
b. 신체적 노화에 대한 편견 및 극복방안에 대한 논의

2) 준비물
칠판

3) 방법
a. 신체적 노화 증상에 대한 본인들의 생각과 경험을 자유롭게 이야기한다.
b. 자연스러운 신체적 노화와 질병으로 인한 증상에 대한 구분을

논의한다.

c. 노화에 대한 편견을 논박을 하고 그에 대한 새로운 지식들을 논의한다.

4) 객관적 평가

a. 기억력 감퇴, 피로감의 증가, 피부 및 외모의 변화, 소화력 감소, 성적 욕구의 감소 등의 노화로 인한 신체적 변화를 논의하였음.

b. 각 성원의 발표 시 강한 공감대를 형성하였음.

5) 진행자 평가

a. 본인들이 자연스러운 노화의 신체적 변화라고 인식하고 있는 것들 중 만성질환 질병의 증상으로 인한 것들이 많음.

b. 다른 성원들의 발표를 들으며 서로 간 논박을 통해 도전을 주고받음.

3. 실버체조 I

1) 목표

노인들의 체력유지 증진과 노인성 만성질환 예방 그리고 사회적·정서적 안정을 도모함.

2) 준비물

a. 음악: 준비운동과 마무리운동용 조용한 음악, 보조 운동을 위한 행진곡

b. 매트: 준비운동과 마무리운동 시 사용할 매트

3) 방법

a. 준비운동: 동그라미 체조(2분 30초)

발목, 무릎, 허리, 어깨, 목 돌리기, 깍지 끼고 하늘 보기, 깍지 끼고 좌·우 굽히기, 전신스트레칭

b. 보조운동: 걷고 가볍게 뛰기(6분 30초)

리듬에 맞춰 다양한 스텝과 방향 형태를 바꿔가며 걷기

c. 본 운동: 숫자체조, 탁탁체조(18분)

몸통, 상체, 하체로 숫자를 그려 보는 숫자체조, 관절과 근육부위를 두드려 주는 체조

d. 마무리운동: 동그라미 체조(3분)

준비운동과 동일

4) 객관적 평가

a. 행진곡에 맞추어 둘씩 짝을 지어 포크댄스 동작으로 걷고 뛰기를 할 때 굉장히 즐거워하심.

b. 점프나 한 발 서기 동작은 반 정도의 성원이 아직 따라하지 못함.

c. 스트레칭이 제대로 이루어지지 않을 정도로 대부분 노인들의 관절이 굳어져 있음.

5) 진행자 평가

a. 행진곡 음악을 들으며 걸을 때 운동이라기보다는 놀이라는 느낌으로 흥분해 있는 모습을 보임.

b. 노인들의 신체적 활동을 촉진할 수 있는 다양한 프로그램들이 많아져야겠다는 생각이 들었음.

제3회기

일시: 2009년 10월 21일(수), 24일(토)

장소: ○○교회 3층 회의실 및 교육실

1. 건강증진교육 II(주제: 만성질환관리교육 II-당뇨)

1) 목표

만성질환으로서의 당뇨에 대한 이해와 관리방법을 익힘.

2) 준비물

a. 만성질환 관련 소책자(당가득 씨와 고당찬 씨의 당뇨를 예방하고 이겨내는 생활 수칙-K구 보건소)

b. 어르신 체험형 교육자료(기본형)-서울시, KHDI

c. 노인건강증진과 예방관리-대한노인회 경로당 교재

3) 방법

a. 책자를 통해 당뇨의 증상과 진단, 예방과 관리에 관한 강의

b. 당뇨의 원인과 유형을 살펴보고 자가 당뇨위험도를 체크함.

c. 당뇨에 관한 워크북 활용법을 설명하고 과제물 제시

4) 객관적 평가

a. 당뇨관리 방법 가운데 특히 발관리에 대한 관심이 높았음.

b. 교육 참여자 중 현재 인슐린 주사를 맞고 계신 분들과 당뇨약을 드시는 분들이 아직 당이 없으신 분들과 의견 교환을 하면서 생생한 교육이 됨.

5) 진행자 평가

a. 당뇨는 관리할 수 있는 질병이라는 생각을 갖게 되는 계기 마련

b. 만성질환의 원인보다는 실생활에서의 대처방법들에 대한 관심
   이 높음.

2. 노인집단상담 Ⅱ(주제: 노화로 인한 심리적 변화에 대한 이해)

1) 목표: 노화로 인한 심리적 변화를 논하고 그에 대한 편견에 반박
   함으로써 긍정적 자아상을 갖도록 하는 상호지지의 장을 마련

2) 준비물

칠판, 필기구

3) 방법

a. 노화로 인한 심리적 변화에 대한 본인들의 생각들을 자유롭게
   이야기하며 그 내용들을 유형화해 봄.

b. 유형화된 생각들에 대한 서로의 의견을 나누며, 노화로 인한 심
   리적 변화 중 부정적인 편견에 도전해 봄.

c. 부정적이고 패배적인 사고를 긍정적인 사고로 전환

4) 객관적 평가

a. 지난주와 비교하여 의견을 말하는 횟수가 증가되었음.

b. 다른 성원이 의견을 제시할 때 들어주며 기다리는 훈련들이 되
   지 않아 흥분을 자주하며 어수선한 분위기가 발생함.

c. 자격지심이 생긴다, 외로움을 많이 느낀다, 자신들도 모르게 화

를 내게 된다, 섭섭한 마음이 생긴다, 자꾸 참견을 하게 된다, 고
집이 생긴다 등등의 공통적 의견을 제시함.

5) 진행자 평가
a. 노년기의 심리적 변화가 개인의 잘못이나 문제가 아닌 노년의
공통적 문제임을 인식하면서 강한 공감대를 형성함.
b. 전반적으로 긍정적인 삶을 살고자 노력한다고 말들은 하지만 실
생활에서는 구체성이 부족한 막연한 대답들을 함으로써 심리적
변화에 대처하는 교육이 부재했음을 느낌.

3. 실버체조 II
1) 목표: 노인들의 체력유지 증진과 노인성 만성질환 예방 그리고
사회적·정서적 안정을 도모함.

2) 준비물
a. 음악: 준비운동과 마무리운동용 조용한 음악, 보조운동을 위한
행진곡
b. 매트: 준비운동과 마무리운동 시 사용할 매트

3) 방법
a. 준비운동: 동그라미 체조(2분 30초)
발목, 무릎, 허리, 어깨, 목 돌리기, 깍지 끼고 하늘 보기, 깍지 끼
고 좌·우 굽히기, 전신스트레칭

b. 보조운동: 걷고 가볍게 뛰기(6분 30초)

리듬에 맞춰 다양한 스텝과 방향 형태를 바꿔가며 걷기

c. 본 운동: 숫자체조, 탁탁체조(18분)

몸통, 상체, 하체로 숫자를 그려보는 숫자체조, 한 모양을 지속

시켜 관절과 근육부위를 두드려 주는 체조

d. 마무리운동: 동그라미 체조(3분)

준비운동과 동일

4) 객관적 평가

a. 행진곡에 맞추어 둘씩 짝지어 포크댄스와 같은 동작으로 체조를

할 때 특히 즐거워하셨음.

b. 점프나 한 발 서기 등의 동작은 반수 이상의 성원들이 따라 하질

못함.

5) 진행자 평가

a. 어르신들의 몸놀림이 2회기에 비해 상당부분 좋아진 느낌을 받음.

b. 운동 후 약간 숨이 차고 땀이 나는 정도로 어르신들의 수준에 적

합한 운동 강도라는 생각이 듦.

제4회기

일시: 2009년 10월 28일(수), 31일(토)

장소: ○○교회 3층 회의실 및 교육실

1. 건강증진교육 III(주제: 여성노인의 약물복용)

1) 목표

a. 장기 약물 복용에 대한 두려움 극복

b. 약물복용에 대한 바른 태도와 지식을 제공

2) 준비물

a. 약물복용 정리표

b. 약물복용 유형에 따른 강의안

c. 본인의 복용약물 적어보기 과제물

3) 방법

a. 여성노인의 약물복용 유형 및 오남용 사례에 대한 강의

b. 자신이 현재 복용하고 있는 약물 및 자신의 약물복용 유형을 살펴봄.

4) 객관적 평가

a. 약물과 더불어 살아가기 과정에서 자기주도형, 소문추구형, 약물고집형 범주 속에서 자신의 유형이 어디에 속하는지 논의하였음.

b. 평소 자신의 약물복용 습관이 객관적으로 어떻게 평가될 수 있는지에 대하여 논의할 때 당황하며 멋쩍어 하는 모습을 보임.

c. 잘못된 약물 상식에 대하여 구체적인 논의의 계기가 되었음.

5) 진행자 평가

a. 약물 복용 시 개인적인 태도가 건강에 미칠 수 있는 악영향에 대하여 논의함으로써 건강에 대한 자신의 책임감을 강화하는 계기를 마련

b. 약에 대한 지나친 염려나 기대에 대하여 비판적 점검의 기회가 되었음.

c. 본인들이 당연하게 생각하고 있는 건강 관련 생활습관들에 대한 문제와 그에 대한 합리적이고 객관적인 접근의 필요성을 인식하게 되었음.

2. 정서지지 프로그램 I(연지곤지-여성노인 뷰티케어 프로그램)

1) 목표

a. 여성노인의 여성성을 자각할 수 있는 기회 제공

b. 프로그램 진행 시 나누는 대화와 신체적 접촉을 통해 여성노인의 정서적 지지 기회 제공

2) 준비물

a. 뷰티케어 화장용품(기초화장품, 팩, 마사지 용품)

b. 네일케어용품(매니큐어, 핸드마사지 용품)

c. 헤어용품(드라이기, 헤어젤)

d. 기타: 잔잔한 음악, 매트, 큰 타월, 라벤더 향

3) 방법

a. 클렌징으로 얼굴을 닦아내고 크림 마사지를 한 후 팩을 함.

b. 팩이 마르는 동안 네일케어를 함.

c. 얼굴에 메이크업을 함.

d. 헤어드라이를 하고 마무리함.

e. 서비스가 진행되는 동안 은은한 음악을 들으며 봉사자들과 대화함.

4) 객관적 평가

a. 자신들의 젊은 시절들을 회상하며 대화를 나누며 행복하다고 말함.

b. 뷰티케어를 받고 집으로 돌아갔을 때 주변 사람들의 반응을 기대하며 신나함.

c. 자신의 외모에 다른 사람들이 관심을 가져주는 것 자체에 큰 고마움을 표현함.

5) 진행자평가

a. 여성노인들이 서비스를 통해 그동안 잊고 있었던 그들의 여성성을 인식하게 되는 계기를 마련(결혼 당시의 추억, 피부나 화장, 좋아하는 색 등 본인들의 얘기를 계속 함)

b. 자신에 대한 표현에 익숙하지 않은 노인들에게 욕구를 표현할 수 있는 계기를 마련해 줌(손이 미워 네일케어를 안 하겠다, 주름진 얼굴에 무슨 마사지냐 하면서도 전원이 다 서비스에 참여하며 원하는 색을 선택하고 서로 예뻐졌다 칭찬하면서 즐거워함).

3. 실버체조 III

1) 목표

노인들의 체력유지 증진과 노인성 만성질환 예방 그리고 사회적·
정서적 안정을 도모함.

2) 준비물

a. 음악: 준비운동과 마무리운동용 조용한 음악, 보조 운동을 위한
   행진곡

b. 매트: 준비운동과 마무리운동 시 사용할 매트

3) 방법

a. 준비운동: 동그라미 체조(2분 30초)

   발목, 무릎, 허리, 어깨, 목 돌리기, 깍지 끼고 하늘 보기, 깍지 끼
   고 좌·우 굽히기, 전신스트레칭

b. 보조운동: 걷고 가볍게 뛰기(6분 30초)

   리듬에 맞춰 다양한 스텝과 방향 형태를 바꿔가며 걷기

c. 본 운동: 숫자체조, 탁탁체조(18분)

   몸통, 상체, 하체로 숫자를 그려보는 숫자체조, 한 모양을 지속
   시켜 관절과 근육부위를 두드려 주는 체조

d. 마무리운동: 동그라미 체조(3분)

   준비운동과 동일

4) 객관적 평가

a. 걷기 운동 시 행진곡에 맞추어 둘씩 짝을 지어 포크댄스 동작으

로 체조를 할 때 특히 즐거워함.

b. 점프나 한 발 서기 동작 등은 아직 따라 하지 못하시는 분들이
   몇 명 있음.

5) 진행자 평가

a. 행진곡에 맞춰 걷기 운동을 할 때 개인적 운동역량에 따라 스스
   로 운동량 조절을 하고 있음.

b. 운동 후 약간 숨이 차고 땀이 나는 강도로 노인들의 수준에 적절
   하다고 판단됨.

제5회기

일시: 2009년 11월 4일(수), 7일(토)

장소: ○○교회 3층 회의실 및 교육실

1. 건강증진 교육 Ⅳ(주제: 노인과 영양)

1) 목표

노년기 섭식과 영양의 중요성을 인식하고 바른 식생활 교육을 한다.

2) 준비물

a. 영양교육 소책자-(Salt-dawn!!, Health-up-K구 보건소)

b. 어르신 체험형 교육자료(기본형)-서울시, KHDI

c. 노인건강증진과 예방관리-대한노인회 경로당교재

3) 방법

a. 책자를 통해 노년기 영양관련 주의점들에 대한 강의

b. 소금섭취와 관련한 각 성원들의 식생활에 관한 대화 및 그 방안 교육

4) 객관적 평가

a. 각 성원의 고향에 따라 즐겨하는 음식이 달랐으나 전체적으로 저염 섭취에 대한 어려움을 호소하는 분들이 많았음.

b. 저지방, 저염 식이에 관한 피라미드 모형을 보며 균형적 영양의 중요성을 교육할 때 전체적인 영양 밸런스에 대해 비로소 이해를 하는 것 같았음.

c. 균형적인 영양섭취에 대한 현실적인 어려움과 식품구입비 등 생활비의 부담에 대하여 이야기들을 함(비싸서 어떻게 먹느냐, 누가 챙겨주지 않는데 그게 되겠느냐 등등).

5) 진행자 평가

a. 노인들의 가구형태에 따라(독거노인의 경우) 음식을 섭취할 수 있는 환경이 매우 달라서 교육에 어려움이 따름.

b. 노인들의 건강을 위해 음식의 섭취 및 영양문제가 매우 중요하며 국가에서는 이에 대한 정책적 모색이 매우 필요함을 느꼈음.

2. 노인집단상담 Ⅲ(주제: 노인과 가족)

1) 목표

전통적 가족관계와 현대적 가족관계에서의 차이와 가족 내 노인의

역할 변화 부분에 대한 논의. 성인 자녀 및 손자녀와의 바람직한 관계에 관하여 논의

2) 준비물
칠판, 비디오

3) 방법
a. 가족 안에서 노인들이 느끼는 감정에 대한 논의
b. 가족 내 의사소통에 관한 노인들의 의견을 나눔.
c. 전통적 가족과 현대 가족과의 차이와 그 가운데서의 구성원들이 느끼는 노인의 역할 변화에 대한 논의

4) 객관적 평가
a. 독거, 노인부부, 조손, 3대 동거가족 등 가구형태에 따라 가족 간 의사소통의 어려움에 차이가 있음.
b. 가족 간 의사소통의 어려움으로 답답한 마음에 우울해지고 신체적인 질병으로까지 연결된다고 호소하시는 분들이 많았음.
c. 가족 내에서 자신들의 의견이 자주 무시당해 상처들이 크며, 특히 손자녀들과의 대화가 어렵다고 말씀하시는 분들이 많았음.

5) 진행자 평가
a. 전반적으로 가족 간 갈등을 인정하면서도 대처방법에 무지할 뿐아니라 무조건 참는 게 최고라는 전통적인 생각들을 많이 하고 있음.

b. 아직 우리나라 노인들에게는 전통적인 남아선호 사상과 핏줄에 대한 애착이 젊은 세대에 비해 매우 강함을 알 수 있음.

c. 단순히 개별적인 가족 단위를 넘어 사회적 차원에서의 노인들과의 의사소통 방법에 대한 교육이 필요하다는 생각이 들었음.

3. 실버체조 IV

1) 목표

노인들의 체력유지 증진과 노인성 만성질환 예방 그리고 사회적 · 정서적 안정을 도모함.

2) 준비물

a. 음악: 준비운동과 마무리운동용 조용한 음악, 보조 운동을 위한 행진곡

b. 매트: 준비운동과 마무리운동 시 사용할 매트

3) 방법

a. 준비운동: 동그라미 체조(2분 30초)

발목, 무릎, 허리, 어깨, 목 돌리기, 깍지 끼고 하늘 보기, 깍지 끼고 좌 · 우 굽히기, 전신스트레칭

b. 보조운동: 걷고 가볍게 뛰기(6분 30초)

리듬에 맞춰 다양한 스텝과 방향 형태를 바꿔가며 걷기

c. 본 운동: 숫자체조, 탁탁체조(18분)

몸통, 상체, 하체로 숫자를 그려보는 숫자체조, 한 모양을 지속시켜 관절과 근육부위를 두드려 주는 체조

d. 마무리운동: 동그라미 체조(3분)

준비운동과 동일

4) 객관적 평가

a. 걷기 운동 시 멈추어 다리를 들거나 발 바꾸는 동작을 할 때 따라 하는 것이 어려워 힘들어하시면서도 즐거워하셨다.

b. 숫자 체조 시 전 회에 비해 동작이 커지고 정확해졌다.

5) 진행자 평가

a. 과제로 내준 숫자체조를 열심히 하신 분들은 전에 비해 동작이 부러워지고 자유롭지 못했던 근육들을 사용할 수 있게 되었다고 말씀하심.

b. 개인 수준에 맞추어 동작의 크기나 정확도가 달라짐으로써 진행자의 요구에 따라 조금씩 운동 강도를 높이고 활동량 증가를 꾀하였음.

제6회기

일시: 2009년 11월 11일(수), 14일(토)

장소: ○○교회 3층 회의실 및 교육실

1. 건강증진 교육 Ⅴ(주제: 노인과 운동)

1) 목표

a. 노인의 신체활동과 운동에 관한 개념 및 중요성에 대한 이해

b. 만성질환별 운동 시 유의점에 대한 이해

2) 준비물

a. 건강 관련 소책자(만성질환과 운동에 관련한)

b. 노인의 신체활동 피라미드 및 유의점에 관한 유인물

c. 노인건강증진과 예방관리-대한노인회 경로당교재

3) 방법

a. 건강 관련 교재를 이용 만성질환과 운동에 관련한 강의

b. 현재 성원들이 하고 있는 신체활동 및 운동에 대한 토론

4) 객관적 평가

a. 대부분 70이 넘으신 여성노인들이시라 걷기 외에 다양한 운동생활이 어려울 것이라는 예상과는 달리 자전거 타기 등 전문적으로 운동을 하시는 분들이 있어 다른 성원들에게 도전의 기회가 되었음.

b. 신체활동과 운동 그리고 스포츠에 대한 용어 정리에 높은 관심을 보여 이를 기초로 노인의 신체활동과 운동의 중요성을 강조하는 계기를 마련함.

5) 진행자 평가

a. 일상생활 속에서의 운동의 중요성을 충분히 인식하는 계기가 되었음.

b. 만성질환에 따른 운동 시 유의점 등 본인들의 생활과 연결되는 부분에 특히 높은 관심을 보이는 것을 볼 때 노인교육 시 실용성 부분이 매우 중요함을 생각하게 됨.

2. 집단토론 IV(주제: 건강 관련 자조집단 구성)

1) 목표

집단 효과 유지를 위한 사후조치 차원의 자조집단 구성에 대한 논의 및 의견개진

2) 준비물

기록지, 필기구

3) 방법

건강과 관련하여 현재 집단의 효과성을 토의하고 자조집단 구성에 대한 의견을 제시하여 규합할 수 있도록 토론 진행

4) 객관적 평가

a. 건강 자조집단 구성에 대한 논의를 통해 프로그램 후에도 매주 모여 함께 등산을 하기로 함.

b. 한 달에 한 번씩 첫 번째 수요일, 토요일 두 집단으로 나누어 신체적·정신적 건강에 대하여 서로 논의하는 모임을 갖도록 함.

5) 진행지 평가

a. 프로그램이 종반부로 넘어가면서 종결에 대한 대화들이 오가고, 일회적 프로그램이 아니기를 희망하는 의견들이 모아짐.

b. 프로그램 종결 후 자조집단으로의 발전에 대한 의견들은 모아지지만 현실적으로 모임을 체계화하기 위하여 필요한 여러 여건들에 대한 논의는 구체적이지 않아 차후 지속적인 논의가 필요하

다고 생각됨.

3. 실버체조 V

1) 목표: 노인들의 체력유지 증진과 노인성 만성질환 예방 그리고 사회적·정서적 안정을 도모함.

2) 준비물

a. 음악: 준비운동과 마무리운동용 조용한 음악, 보조 운동을 위한 행진곡

b. 매트: 준비운동과 마무리운동 시 사용할 매트

3) 방법

a. 준비운동: 동그라미 체조(2분 30초)

발목, 무릎, 허리, 어깨, 목 돌리기, 깍지 끼고 하늘보기, 깍지 끼고 좌·우 굽히기, 전신스트레칭

b. 보조운동: 걷고 가볍게 뛰기(6분 30초)

행진곡 맞추어 걷기, 걷다가 중간 멈추어 전후좌우대칭 다리 뻗기

c. 본 운동: 숫자체조, 탁탁체조(18분)

몸통, 상체, 하체로 숫자를 그려보는 숫자체조, 한 모양을 지속시켜 관절과 근육부위를 두드려 주는 체조

d. 마무리운동: 동그라미 체조(3분)

준비운동과 동일

4) 객관적 평가

a. 노인일자리 사업 참여로 4명이 불참석하였음(수요팀).

b. 운동에 어느 정도 익숙해져서 부분적으로 스스로 조절을 하며 참여함.

c. 처음에는 거의 따라가기 어려웠으나 이제는 따라갈 수 있다는 분들이 늚.

5) 진행자 평가

a. 이전에 비해 상당히 적극적인 자세로 운동에 임함.

b. 운동의 중요성에 대한 강의 후 시간이라서 그런지 더욱 열심히 함.

c. 다음 주 과제로 숫자체조 1~10까지를 5번 할 수 있도록 과제를 내줌.

제7회기

일시: 2009년 11월 18일(수), 21일(토)

장소: ○○교회 3층 회의실 및 교육실

1. 건강증진 교육 Ⅵ(주제: 노인과 지역사회)

1) 목표

a. 지역사회 노인관련 기관 등에 대한 정보제공으로 다양한 지역사회 참여유도

b. 응급상황 시 대처요령 및 의료인과의 대화 시 유의점에 관한 교육

2) 준비물

a. 지역사회 노인건강 관련 기관소개 유인물

b. 건강수첩

3) 방법

a. 지역사회의 보건소, 복지관, 각종 상담기관 등의 프로그램 내용과 이용방법 그리고 연락처 등을 정리하여 소개함.

b. 관심 있는 프로그램의 안내 및 연계 기회 제공

c. 응급상황 시 대처요령과 건강수첩의 활용에 대한 교육

4) 객관적 평가

a. 지역사회 내 노인관련 기관 및 프로그램의 종류가 생각보다 많다는 반응을 보이며, 특히 이용요금에 관하여 관심을 보임.

b. 가족이 함께 살고 있지 않는 독거노인의 경우 응급상황에 대한 관심이 더욱 높고 적극적이었음.

5) 진행자 평가

a. 기관 소개 시 사용료에 관한 부분을 자세히 설명함으로써 호응을 얻음.

b. 보건소, 치매예방센터, 건강가정지원센터 등 건강 관련 기관뿐 아니라 상담기관, 특히 노인 전문 전화 상담에 대한 높은 관심을 보임.

c. 독거노인들의 응급상황에 대한 염려가 생각보다 심각함을 느낄 수 있었음.

d. 의료인과의 대화 시 발생할 수 있는 의사소통 문제에 대한 사례 설명 시 큰 공감대를 형성하면서 어떤 방법의 의사소통이 필요한지에 대하여 활발한 의견을 개진함.

2. 정서지지 프로그램 II(연지곤지-여성노인 뷰티케어 프로그램)
1) 목표
a. 여성노인의 여성성을 자각할 수 있는 기회를 제공
b. 프로그램 진행 시 대화와 신체적 접촉을 통해 여성노인의 정서적 지지 기회 제공

2) 준비물
a. 뷰티케어 화장용품(기초화장품, 팩, 마사지용품)
b. 네일케어 용품(매니큐어, 핸드 마사지용품)
c. 헤어용품(드라이기, 헤어젤)
d. 기타: 잔잔한 음악, 매트, 큰 타월, 라벤더 향

3) 방법
a. 얼굴 클렌징을 하고 크림 마사지 후 팩을 함.
b. 팩이 마르는 동안 네일케어를 함.
c. 얼굴에 메이크업을 함.
d. 헤어드라이를 하고 마무리함.
e. 서비스 동안 은은한 음악을 들으며 봉사자들과 대화함.

4) 객관적 평가

a. 4회 차에 서비스를 이미 받아보셔서 서비스 시작 전부터 기분이 들떠 계심.

b. 네일케어 시 본인들의 요구가 이전보다 다양화되고 매니큐어 색 선택 시에도 이전보다 적극성을 보임(이왕이면 예쁜 색으로 해 달라, 무늬를 그려 달라 등).

5) 진행자 평가

a. 뷰티케어를 통해 잠재되어 있던 여성노인의 여성성에 대하여 다시 한 번 인식하는 계기가 되었다(본인들의 결혼 당시 이야기와 현재 이 모습에 대한 반응을 보일 사람들에 대하여 많은 이야기들을 꺼내었다).

b. 두 번째 서비스이어서 그런지 보다 편안한 분위기가 되었다.

3. 실버체조 VI

1) 목표

노인들의 체력유지 증진과 노인성 만성질환 예방 그리고 사회적·정서적 안정을 도모함.

2) 준비물

a. 음악: 준비운동과 마무리운동용 조용한 음악, 보조 운동을 위한 행진곡

b. 매트: 준비운동과 마무리운동 시 사용할 매트

3) 방법

a. 준비운동: 동그라미 체조(2분 30초)

발목, 무릎, 허리, 어깨, 목 돌리기, 깍지끼고 하늘보기, 깍지끼고
좌. 우 굽히기, 전신스트레칭

b. 보조운동: 걷고 가볍게 뛰기(6분 30초)

행진곡에 맞추어 걷다가 중간에 4박자씩 멈춰 앉고 서기, 엉덩이
돌리기, 모둠발로 전후좌우 뛰기 등 다양하게 변형된 걷기운동

c. 본 운동: 숫자체조, 탁탁체조(18분)

몸통, 상체, 하체로 숫자를 그려보는 숫자체조, 한 모양을 지속
시켜 관절과 근육부위를 두드려 주는 체조

d. 마무리운동: 동그라미 체조(3분)

준비운동과 동일

4) 객관적 평가

a. 걷기운동 시 전에 비해 팔 들어 올리는 각도가 커지면서 운동량
이 증가됨.

b. 마무리운동 시 손바닥, 발바닥 들어 올리며 꺾기, 손 쥐었다 펴
기 등으로 악력이 증가할 수 있다는 강사의 말에 더 열심히 하
시는 것 같음.

5) 진행자 평가

a. 노인들에게는 운동 자체도 좋으나 신나는 음악이나 동료 노인들
과 함께 하는 장이라는 것 등 운동 외적 요소에 더 만족하신다는
느낌이 듦.

b. 걷기라는 단순한 운동이지만 그 안에 다양한 변화를 줌으로서 즐겁게 운동을 하시는 것으로 보아, 아이들에게 맞는 유아체육이 전문화된 것같이 노인들의 신체적 특성과 문화에 맞는 밝고 즐거운 노인운동프로그램이 필요함을 느낌(노인들이라고 해서 반드시 전통음악이나 성인가요를 사용할 필요는 없는 것 같고, 오히려 변형된 클래식, 행진곡, 동요 등등 기관의 특성에 맞는 음악 등을 활용하는 것이 노인들의 다양성을 인정하는 방법이라 생각됨).

제8회기
일시: 2009년 11월 25일(수), 28일(토)
장소: ○○교회 3층 회의실 및 교육실

1. 프로그램 종결하기(프로그램 정리 및 사후조사)
1) 목표
프로그램 종결에 따른 감정 논의 및 평가의 시간을 가짐.

2) 준비물
설문지, 필기구건강, 행위척도, 우울설문지, 만족도 조사 설문지

3) 방법
a. 프로그램 전체평가 및 개인 의견 제시
b. 만족도 조사
c. 보조연구원들의 개별면접을 통한 건강행위척도, 우울감 설문조사

4) 객관적 평가

a. 노인집단 구성 자체에 대한 만족도가 가장 높았고, 개별 프로그램으로는 운동, 건강강좌, 집단토론, 뷰티케어 순의 만족도를 보였음.

b. 프로그램 종결에 대한 아쉬움을 토로하는 분들이 많음.

5) 진행자 평가

a. 중간평가 만족도 조사에 비해 건강강좌 만족도가 높아진 것은 응급상황에 대한 대처 및 지역사회 연계 프로그램 안내와 의료인과의 대화 시 유의점 등이 실생활과 밀접한 정보를 제공해 주었기 때문인 것으로 생각됨.

b. 사전 설문조사에 비해 문항 응답 시보다 신중한 태도를 보이는 것 같음.

2. 프로그램 사후 체력 및 일상생활건강 측정

1) 목표

집단 참여성원의 체격 및 생리지수, 기초체력 측정으로 프로그램 후 효과성 측정을 위한 자료 구축

2) 준비물

체중계, 혈압계, 악력계, 체전굴, 평형판

3) 방법

a. 신장, 몸무게, 혈압, 체지방을 측정 기록

b. 유연성 평가(체전굴로 허리 굽혀 양팔 뻗기), 악력 평가(악력계 쥐고 당기기), 평형성(평형판 위에서 양팔 벌리고 한 다리 들고 서기)

4) 객관적 평가
a. 본인뿐 아니라 다른 성원들의 측정 기록에 높은 관심을 보임.
b. 본인들에게 어떤 변화가 있을까에 대한 기대를 서로 나눔.

5) 진행자 평가
a. 사전 측정 시에 비해 진행이 안정적이었음.
b. 평형성, 유연성 측정 시 전체적으로 향상된 것 같다는 얘기들을 나누는 것을 볼 때 기록의 향상 여부를 떠나 구성원들에게 건강에 대한 관심과 자신감이 향상되었음을 느낌.

3. 실버 레크리에이션 II
1) 목표
프로그램 종결에 따른 성원들의 감정을 정리하며 건강한 생활습관을 위한 노력을 다짐하는 계기를 마련함.

2) 준비물
아이짐세트(컬러막대, 컬러공, 구멍 있는 원형 삼각뿔)

3) 방법
a. 두 팀으로 나누어 반환점에 놓여 있는 색깔별 삼각뿔의 구멍에

막대를 꽂아 낚시를 하는 듯 들어서 옮겨 오기

b. 두 팀이 릴레이 형식으로 컬러막대로 공을 굴려 반환점을 돌아
서 들어오기

4) 객관적 평가

a. 팀별로 강한 승부욕을 보이며 적극적으로 참여함.

b. 게임 종료 시 땀을 흘리며 숨차 하시는 분들이 많아 상당부분의
운동량이 확보된 것으로 보임.

5) 진행자 평가

a. 집단 내 연대감이 강하게 형성되어 자발적이고 적극적인 참여의
지를 보임.

b. 동심으로 돌아간 듯 매우 즐거워하시고, 레크리에이션으로 진행
하였으나 충분한 운동량이 확보됨.

〈부록 4〉 프로그램 관련 교재 및 자료

2회기 <만성질환 관리교육 I - 고혈압 교재 및 자료>

3회기 <만성질환 관리교육 II - 당뇨 교재 및 자료>

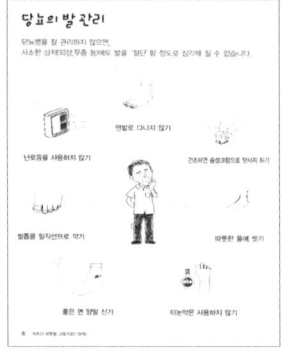

9.8.클럽 제4회차 과제

성명:

내가 현재 복용하고 있는 약:

내가 현재 복용하고 있는 보조식품:

내가 약을 먹는 이유:

* 약은 나에게 있어   이다.

내 몸 사랑 지금부터 야!야!야!

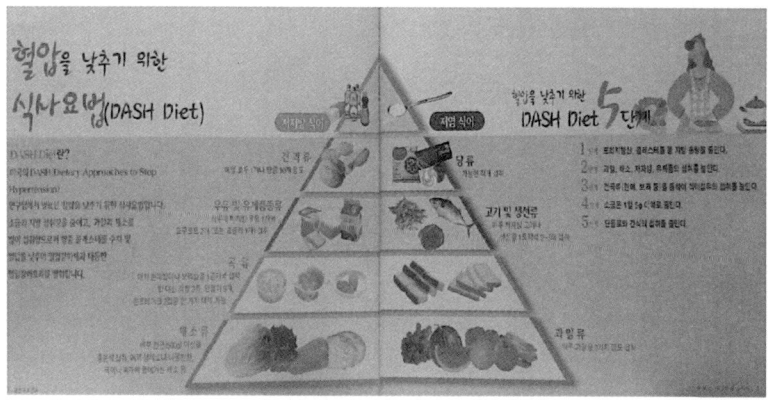

6회기 <만성질환 관리교육 Ⅴ - 노인과 운동 교재 및 자료>

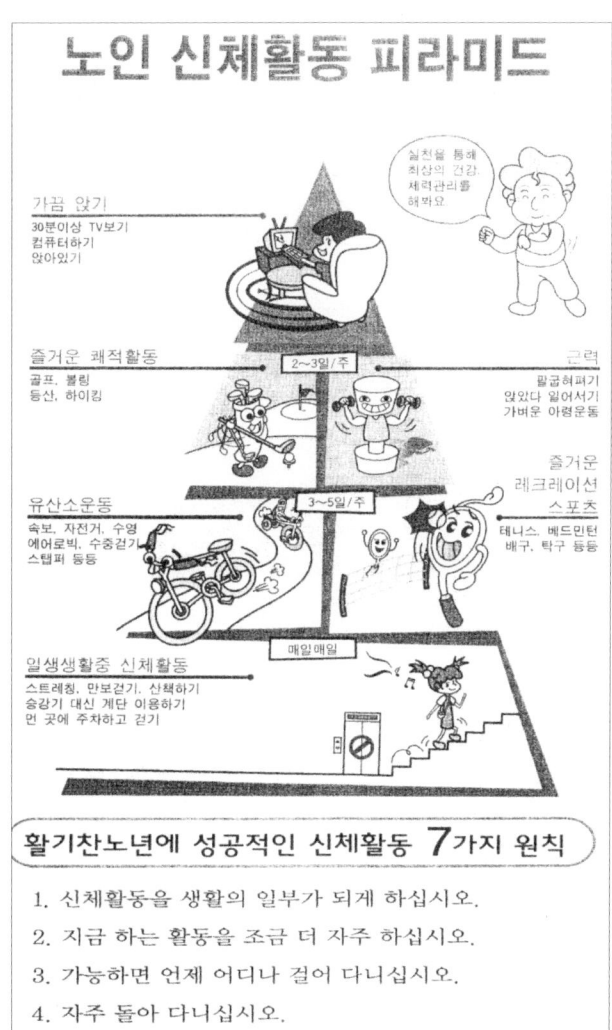

노년기 운동방법 & 주의사항

❖운동방법
  ➢준비운동 : 모든 운동은 가벼운 준비운동
  ➢ 운동강도(최고심박수 55~75%)
  ➢ 운동시간 : 장시간 저강도
  ➢운동형태 : 참가자의 관심과 이용가능한 것

❖주의사항
  ➢노인의 위험성 최소화(운동강도조절
  ➢피로하지 않은 범위 내 팔다리 많이 사용
  ➢노인의 욕구, 건강상태, 장비와 시설, 가용시간 고려
  ➢관절, 활동근육에 무리를 주지 않는 운동 선택(1시간 지속가능한 강도)
  ➢운동전후에 가벼운 몸풀기

숫자 태극권의 장점

■ 장점 3가지

  ▶ 누구니 쉽게 배움.

  ▶ 전문간사가 특별히 필요 없음.

  ▶ 어느 곳에서나 가능

  ▶ 개인의 특성에 맞는 맞춤형

TIP 숫자 태극권은 1부터 나이만큼의 동작을, 무릎을 살짝 굽혔다 폈다 하면서 멈추지 않고 계속 이어서 하는 운동입니다.

대한민국 노인운동
어르신 신체기능 향상을 위한 3단계

허리몸통운동

운동은 몸의 상태에 맞게, 가벼운 운동부터~

운동은 자신의 몸 상태에 맞춰 쉬운 운동부터 어려운 운동 순으로 합니다.

열심히 따라해 보는 3단계 '숫자 태극권'

혼자서 보행이 가능하신 어르신들의 동적인 운동을 통해 체력, 근력, 유연성을 강화시켜주는 운동입니다.

준비자세

양발은 어깨 넓이만큼 벌려줍니다. 천장에서 줄이 내려와 매달려 있듯이 머리는 가볍게 세워 앞을 보고 턱은 살짝 안으로 당깁니다. 몸의 힘을 쭉 풀고, 어깨를 축 늘어뜨려 줍니다. 무릎은 살짝 굽혀줍니다. 모든 기운을 바닥에 내려놓듯이 힘을 빼고, 속상했던 것, 답답했던 것들을 숨을 내쉬면서 모두 밖으로 내보냅니다.

출처: 동안구 노인보건센터 (031)459-1495~6

7회기 <만성질환 관리교육 VI - 노인과 지역사회 자료>

I. 지역사회 노인건강 관련 기관소개 유인물

1. 금천구 보건소(☎ 890-2422, 890-2426)

진료 프로그램		연락처
1차 진료	고혈압, 당뇨, 관절염, 고지혈증, 상기도염 등(소아과, 안과 등 제외) 1차진료, 검사 및 처방, 건강상담 등 비용(방문당 수가 적용 - 방문 시마다 비용 발생) - 원외처방 시: 500원 - 진료 + 혈액검사: 1,100원, 진료상담: 1,100원 - 관내 만 65세 이상 어르신, 의료보호대상자는 무료진료 이용방법: 보건소 2층 대기실에서 순번대기표발급 → 접수 → 진료, 상담 → 검사처방 → 수납 → 3층 임상병리실 검사결과는 2일 후(휴일, 공휴일 비포함), 2층 1차 진료실에서 의사와 상담	
치과 진료	충치(초등학생 이상(신경치료가 필요 없는 단계까지)),성인발치(고혈압, 당뇨병, 기타 특이질환이 없는 건강한 성인(사랑니, 복잡발치 제외)),신경치료(근관치료), 스케일링, 보철 등 진료에서 제외 비용: 1,100 ~ 4,040원(관내 만 65세 이상 어르신, 의료보호대상자, 장애인 무료) 이용방법: 사전예약(전화 및 내소) → 치과 접수 → 진찰 → 수납	구강보건실 2627-2721
물리 치료	수술 및 화학요법(약물요법)이 아닌 물리적인 요소(전기, 열, 치료적 운동, 광선 등)를 이용하여 환자의 통증을 경감시키고, 나아가 기능을 회복시켜 정상적인 사회활동을 하는 데 도움을 줌 대상: 의사의 처방을 받은 분 치료질환: 관절염, 근육·인대 염좌, 좌상, 요통, 견비통, 디스크 등 치료종류: 열치료(온습포, 적외선, 파라핀 치료기), 전기치료(간섭파치료기, 경피신경치료기, 초음파치료기, 은침자극치료기), 견인치료(경추, 요추 디스크질환 치료) 비용: 진찰 + 물리치료 = 1,600원(만 65세 이상 어르신, 의료보호대상자는 무료) 이용방법: 3층 진료실 순번대기표 빌급 → 외사진료 및 물리치료처방 → 수납 → 3층 물리치료실 접수	물리치료실 867-2035
체력 증진	구민의 건강증진과 건강관리를 돕고자 설문조사, 기초혈액검사, 체력 측정 등을 실시하여 개인의 건강정도에 맞추어 운동의 종류, 강도 등을 선택한 후 운동지도를 실시하여 개인의 건강관리를 돕고 건강 의식을 고취, 지속적인 운동을 통해 각종 성인병을 예방 이용방법: 접 수(전화예약 및 방문접수(예약제)) → 1일차(설문지 작성, 기초 혈액검진 및 체성분 분석 등) → 2일차(체력측정 및 운동처방, 운동훈련(체력단련)) 수수료: 7,500원 체력 단련 장비: 런닝머신, 자전거, 복근운동기를 포함한 8종의 체력단련 장비 비치	

진료 프로그램		연락처
결핵 (객담) 검사	대상: 관내 주민으로 결핵실 접수 방법: 도말검사 및 배양검사 의뢰 비용: 무료	
B형 간염 검사	대상: 관내 주민 방법: 민원실에 접수하여 검사한 다음 3일 후 결과(전화, 방문) 확인 비용: 3,940원(의사의 처방 없이 바로 실시)	
성병검사 (매독, 임질)	대상: 관내 주민 방법: 채혈 및 소변검사 후 3일 후 결과 확인	
AIDS 검사	대상: 관내 주민(익명 가능) 방법: 채혈검사 1주일 후 결과 확인 비용: 무료	
혈액 검사	대상: 관내 주민(익명 가능) 방법: 간기능검사, 당뇨검사, 신장기능검사, 콜레스테롤, 혈액분석검사 등 비용: 진료실에 접수, 의사의 진료상담 후 검사	
방사선	X-선 직접촬영기, 간접촬영기 등의 각종 질병의 예방 및 치료에 필요한 영상정보 제공 대상: 관내 주민으로 결핵실 접수 촬영종목: 흉부X-선 직접촬영(결핵유소견자, 내소환자, 일반환자(결핵실에서 접수)), 건강진단결과서, 건강진단서 검진	방사선실 2627-2732
한방 진료	대상: 한방진료를 원하는 금천구 주민 내용: 진료과목(침구, 부항, 투약(첩약 제외)) 비용: 진료 및 투약일수에 따라 개별적용(시술단독 시 1,100원) 이용방법: 사전예약(전화 및 내소) → 한의사 진찰, 상담	의약과의무팀 2627-2724
체성분 분석검사 (시기: 연중)	검사비용: 4,040원(보건복지부 방문당수가) 대상: 일반주민 내용: 개인의 체성분 분석과 골격근-지방 등 비만진단, 신체균형도, 부종지수, 내장지방 등 개개인의 건강상태에 대한 데이터를 제공 결과상담: 검사 후 즉시 결과 상담 장소: 금천구보건소 3층 체력증진실	2627-2672
동맥경화 검사 (시기: 연중)	검사비용: 4,040원(보건복지부 방문당수가) - 관내 의료수급자중 40세 이상의 생활습관병 환자 중 진단을 원하는 자 내용: 생활습관 질환에 의해 발생하는 혈액응고, 동맥경화 진행과 폐색, 협착 등 진단하는 것으로 뇌졸중, 심근경색 등 동맥경화로 인한 각종 질환을 조기 발견 결과상담: 검사 후 즉시 결과 상담 장소: 금천구보건소 3층 임상병리실	2627-2727
골밀도검사 (시기: 연중)	비용: 유료 - 4,040원(보건복지부 방문당수가), 무료 - 관내구민 의료수급자 중 40세 이상 내용: 갱년기 여성 및 노인성 질환의 대표적 질환인 골다공증은 조기진단 및 예방이 최선의 대책임으로 이를 미연에 방지할 수 있도록 신체의 골밀도를 진단 결과상담: 검사 후 즉시 결과 상담 장소: 금천구보건소 5층 골밀도실	2627-2734

2. 노인 보호시설

1) 주간보호(매일 낮에 어르신들을 보호해 주는 프로그램)

시설구분	시설명(이름)	연락처
주간보호	금천노인종합복지관 주간보호센터	02-804-4058
주간보호	남부실버 주간보호센터	02)804-1955, 7
주간보호	청담노인복지센터	02-806-1377

2) 단기보호(일시적으로 어르신들을 보호해주는 프로그램: 연간 180 일까지 가능)

시설구분	시설명(이름)	연락처
단기보호	다솜누리단기보호센터	070-8275-8084
단기보호	금천삼성노인요양원	02-851-3397
단기보호	남부실버요양원 단기보호센터	02-804-9100
단기보호	실버밸리노인복지센터	02-866-6690
단기보호	실버캐슬요양센터	02-805-0533
단기보호	실버캐슬요양원	02-854-0626
단기보호	임원효노인센터	02-852-1153
단기보호	청담치매노인단기보호센터	02-806-1377
단기보호	효인단기보호센터	02-867-8144

3) 장기보호(어르신 요양시설)

시설구분	시설명(이름)	연락처
장기보호	다솜누리단기보호센터	070-8275-8084
장기보호	가람요양센터	02-892-3388
장기보호	국제실버센터	02-803-2035
장기보호	남부실버요양원	02)804-1955
장기보호	노인요양센터 인영실버	02-804-6141
장기보호	대한실버하우스	02-865-1152
장기보호	실버캐슬 행복마을	02-804-1030
장기보호	실버캐슬요양센터	02-805-0533

3. 노인 요양 파견 센터

1) 시흥동

지역	구분	시설명	연락처
시흥2동	방문요양	제일노인요양파견센터	809-2036
	방문요양	금천나눔방문요양센터	802-1717
시흥5동	방문요양	한소망종합복지센터	804-9191
	방문요양	청담종합사회복지관 방문목욕센터	806-1377

2) 독산동

지역	구분	시설명	연락처
독산1동	방문요양	남부실버 재가복지센터	804-1957
	방문요양	밝은재가노인복지센터	809-0676
	복지용구대여	금천의료기	897-1172
독산2동	방문요양	국제실버센터	803-2035
	방문요양	금천간호복지센터	803-6615
독산3동	방문요양, 목욕, 복지용구	나누리메디케어	852-0224

3) 가산동

지역	구분	시설명	연락처
가산동	방문요양	실버밸리 재가서비스센터	867-9922
	방문요양	초양재가장기요양	853-0003

4. 노인관련복지관

1) 금천노인종합복지관(☎ 868-6856)

프로그램	세부프로그램
건강 관련 * 복지관 등록 회원 참여 가능	1. 이용시간 진료사업: 매주 월, 화, 목, 금요일(복지관-10:00~16:00) 매주 수요일(복지관-10:00~12:00, 재가 및 경로당-13:00~16:00) 의료 상담 및 건강체크: 매주 월, 화, 목, 금요일(복지관-10:00~16:00) 매주 수요일(복지관-10:00~12:00) 간호상담 및 건강수첩관리: 매주 월~금요일(09:00~18:00) 2. 이용안내 진료사업: 관내 진료 및 약품 지급, 방문 진료 및 투약 간호 및 상담사업: 의료상담, 간호상담, 건강 수첩 관리 등 지역연계사업: 건강강좌 및 건강 검진, 의료 봉사, 오행침, 수지침 등
사회교육	1. 교양교육 프로그램: 교양강의, 영어교실, 풍수지리, 한글교실, 수학교실, 한문교실, 수화교실, 컴퓨터교실, 일어교실, 서예교실(서예/사군자/자유이용), 생활역학, 수지침, 역사탐방, 바둑교실 2. 전통문화 프로그램: 맷돌체조, 단전호흡, 민요교실, 한국무용, 우리 춤 체조 등 3. 흥미여가 프로그램: 포크댄스, 댄스스포츠(초급, 중급), 노래교실, 차밍디스코, 에어로빅 등 4. 취미활동 프로그램: 게이트볼, 장기바둑교실, 포켓볼 교실, 탁구교실, 당구교실 등 5. 작품활동 프로그램: 종이공예, 전통매듭, 사진교실, 아코디언 6. 동아리활동 프로그램: 나와 너 동아리 만들기, 수화, 민요, 에어로빅, 댄스스포츠, 사물놀이 등

2) 청담노인종합복지관(☎ 806-1377)

- 이용구비서류: 주민등록증, 증명사진 2매, 가입비 1,000원

- 수급권자, 시설보호대상자, 장애인은 상담 후 무료 수강 혹은 교육비 감면 혜택을 받을 수 있습니다.

프로그램	세부프로그램
사회교육	1. 교육프로그램: 한글교실, 영어교실, 산수교실, 고려수지침교실 2. 정보화프로그램: 윈도우반, 한글문서반, 인터넷반, 블로그반 3. 교양/취미프로그램: 탁구, 맷돌체조, 차밍디스코, 스포츠댄스, 한국무용, 생활댄스, 사교댄스 4. 동아리: 사진, 탁구, 장구, 서예

3) 가산종합복지관(☎ 804-4058)

프로그램	요일	시간		비고
건강체조	화, 목	11:00~12:00	학기당 15,000원 (전 과목)	
한글교실	수, 금	10:00~12:00		교재비 별도
영어교실	수	10:00~11:20		교재비 별도
컴퓨터교실	월, 수	14:00~15:50		

5. 무료급식소

시설명	요일 및 시간, 장소	금액 및 기타 사항
사랑의공동식사나눔터 (사.공.터)	수, 토 11:30~12:30 (2층 친교실)	65세 이상 어르신 무료(809-2036)
청담복지관(금천푸드뱅크) 반찬 지원	-	전화, 내방 접수 및 상담 후 구비 서류 접수하여 실태 조사 후 이용가능(806-1377)
금천노인종합복지관	월~금 11:30~13:00/ 토 11:30~12:30 (지하 1층 함지박)	일반 2,000원 국민기초생활보장수급자 무료(804-4058)
살구여성회	월, 수, 금 11:30~ (독산초등 문성초등 5길3)	기초수급, 독거노인, 저소득 노인 대상자(895-5973)

6. 노인 관련 상담기관

시설명	연락처	상담 프로그램
노인상담전화	129	-
서울노인복지센터	739-9501~3	-
노인학대상담	1577-1389	-
금천구 건강 가정지원센터	02) 803-7741 상담비용: 무료 (미술치료의 경우 재료비 부담)	가족관계상담, 가족 관련 정보제공상담, 부모상담, 부부상담, 아동미술치료, 노인상담, 군상담, 군가족상담 등
구로구 정신보건센터	02)861-2284~6 (평일 오전 9시~오후 5시) 1577-0199(야간, 주말)	전화상담 및 예약 → 센터내소 또는 방문(정보 제공 또는 자원 연계 후 종결) → 서비스 동의 후 등록 → 치료 및 재활계획수립 → 정신보건 서비스 제공 (방문, 내소, 전화를 통한 상담 치료 및 자원연계)
금천구 치매지원센터	3281-9082~6	치매 예방 교육 및 인식 개선 사업, 치매 조기 검진, 치매 등록관리, 치매 검사비/치료비 지원 사업 등

7. 응급실 이용 가능 인근 병원

병원명	응급실 연락처
응급전화	1339
희명병원	809-0122
고려대 의과대학 부속 구로병원	2626-1550
구로 성심병원	2067-1515
강남 고려병원	874-8001
양지병원	887-9118
대림 성모병원	829-9129
명지 성모병원	829-7800
강남 성심병원	829-5119

Ⅱ. 응급상황 시 대처요령 및 의료인과의 대화 시 유의점

응급실 방문 시 준비사항

1. 의료보험증, 주민등록증
2. 건강수첩(본인이 작성한 자기의 과거병력이나 약복용 기록)
3. 환자 신분을 보증할 수 있는 보호자로 가족이나 친지 혹은 도우미

의료인과의 대화 시 도움되는 내용

1. 건강상태에 대한 내용: 본인의 설명은 매우 중요한 근거이므로 솔직한 것이 중요

   신체적인 것: 동통(아픈 것), 발열(전신, 머리부위), 멍울이 만져지는 것, 이유가 불분명한 체중 증가 및 저하, 기력(활동력)이 떨어진 것이나 피로감, 수면장애나 불면증, 소화 장애에 대해 어떻게 대처하여 왔는지 여부, 증상지속 여부 등을 구체적으로 하는 것이 좋다.

2. 의사 방문 시 현재 복용하고 있는 모든 약에 대한 명세서 작성하여 보여주면 치료 계획에 도움이 된다. 복용시간과 복용량도 기입하면 좋다.

3. 현재는 아니지만 최근 일 개월 전에 복용한 특수한 약이 있다면 목록에 포함시킨다.
   투약 후 부작용을 경험한 경우는 구체적으로 기술한다.

4. 환자의 생활습관과 인간생활사적 사건에 대한 구체적 설명도 이해에 도움이 된다.
   배우자의 사별, 이혼 등 결혼생활, 음주습관, 흡연정도, 기호식품, 계단 이용 시 보조기 사용상태, 보청기, 안경사용 등 보장 장신구 포함(지팡이 사용 여부, 허리통증)

5. 가족, 친구 또는 도우미와 함께 방문하여 의사와의 대화에 대하여 정확히 상호 이해하는 것이 필요하다. 안전에도 좋기 때문이다.

6. 시간이 부족하므로 꼭 필요한 것은 정해 우선 이야기하는 것이 필요하다.

7. 의사가 병력에 대한 문진과 신체검진을 한 후 임상검사 실시를 하고 이후 종합하여 판단을 하기 때문에 즉각적인 답은 하지 않는다는 것을 알아둘 필요가 있다.

8. 의사와 상담 중 아프거나 불편감을 느끼면 의사에게 말하여 적절한 조치나 배려를 받도록 한다.

9. 민감한 사항도 솔직하게 답하는 것이 중요하다(낙상 경험이나 걱정, 운전 못 할까봐 두려움, 이별, 사별로 인한 우울상태가 길어질 경우, 성생활, 성병감염, 요실금, 기억력 장애, 가족관계).

〈부록 5〉 프로그램 관련 활동 사진

1. 사전, 사후 체격 및 생리지수, 기초체력 측정	
기초 체격 측정(신장)	기초 체력 측정(유연성 평가)
생리지수 평가(혈압)	건강행위(HPLP) 및 우울측정
2. 건강교육	3. 집단토론

4. 노인생활 체조

보조운동(걷고 가볍게 뛰기)

탁탁체조(관절 근육 두드리기)

5. 득별활농

1) 실버 레크리에이션

아이짐 세트를 이용한 게임

색깔별 풍선을 이용한 레크리에이션

2) 여성노인 뷰티케어(프로그램명: 연지곤지)

뷰티케어(얼굴마사지, 메이크업)

뷰티케어(네일아트케어)

뷰티케어(머리손질)

연지곤지 프로그램 후 즐거운 어르신들

한현숙

덕성여자대학교 사학과 졸업
이화여자대학교 사회복지대학원 졸업(사회복지학 석사 MSW)
백석대학교 기독교전문대학원 사회복지학과 졸업(사회복지학 박사 Ph. D.)
현) 한영신학대학교 아동복지학과 겸임교수
　　사단법인 활석복지회 상임이사
　　고구려대학, 그리스도대학교, 성결대학교
　　백석대학교 신학대학원
　　성결대학교 평생교육원 출강

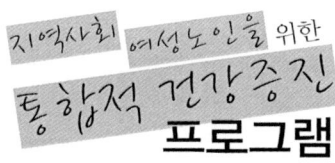

지역사회 여성노인을 위한
통합적 건강증진
프로그램

초판인쇄 | 2011년 6월 24일
초판발행 | 2011년 6월 24일

지 은 이 | 한현숙
펴 낸 이 | 채종준
펴 낸 곳 | 한국학술정보㈜
주　　소 | 경기도 파주시 교하읍 문발리 파주출판문화정보산업단지 513-5
전　　화 | 031) 908-3181(대표)
팩　　스 | 031) 908-3189
홈페이지 | http://ebook.kstudy.com
E-mail | 출판사업부　puulish@kotudy.com
등　　록 | 제일산-115호(2000. 6. 19)

ISBN　　978-89-268-2362-0 93330 (Paper Book)
　　　　　978-89-268-2363-7 98330 (e-Book)

내일을여는지식 　은 시대와 시대의 지식을 이어 갑니다.

이 책은 한국학술정보(주)와 저작자의 지적 재산으로서 무단 전재와 복제를 금합니다.
책에 대한 더 나은 생각, 끊임없는 고민, 독자를 생각하는 마음으로 보다 좋은 책을 만들어갑니다.